クィアの民俗学

LGBTの日常をみつめる

辻本侑生
島村恭則 編著

実生社

はじめに——クィアをめぐる人文学の状況

辻本侑生

クィアという言葉を聞いたことはあるだろうか。聞いたことがなくても、テレビで異性装をしたエンターテイナーを見たり、街中でレインボーフラッグを掲げて練り歩くパレードを見たりして、「何だろう、これは」と目を奪われた経験のある方はいるのではないだろうか。あるいは、書店で雑誌を眺めていて、たまたま手に取った雑誌がゲイ（男性同性愛者）向けのもので、思わず手に取って開くと、刺激的な誌面に衝撃を受けて書棚に戻してしまった経験を持つ読者もいるかもしれない。本書が扱うクィアを非常に大まかに説明するのであれば、異性装のエンターテイナーや街中のレインボーパレード、書店の目立たないところに置かれるゲイ雑誌にみられるような、単純に、すぐに理解したり飲み込んだりできない、しかし人びとの目をひいたり関心をひきつけたりする力を持つ存在のことである。

クィア（Queer）は、直訳するならば「奇妙な」「風変わりな」という意味の言葉であるが、差別を受け、社会的に排除されてきた性的マイノリティたちが、マジョリティを優遇する社会への反発と若干の皮肉を込めながら、自分たちを指し示す言葉として用いられてきた。この言葉の定義はさまざまであるが、一例として「社会規範に逆らうような、あるいは少しずつ転覆しさえするようなジェンダーとセクシュアリティにまつわる表現・行為」（ウェルカー 二〇一九：一一頁）という定義は、比較的理解しやすいものであろう。

クィアは、二〇世紀末期から二一世紀初頭にかけての人文社会系における重要なキーワードの一つである。思想的にはポスト構造主義やフェミニズムの影響を強く受けつつ、多様な学問分野に波及し、いまやクィア・スタディーズは文学や表象文化論に限らず、社会学、人類学、地理学、哲学、宗教学、そして神学等、多様な学問分野を横断する領域として、研究や社会実践が進められている。

ただし、留意しておく必要があるのは、「クィア理論」という言葉のすわりの悪さである。クィアという語には規範に逆らっていくというニュアンスが含まれるため、アカデミズムのなかで一般化を志向する「理論」とは、相容れない部分があることが指摘されている。事実、「クィア」理論そのもののアカデミズム化は、クィア理論内部からも危惧する声がある。クィア理論は、ゲイ・レズビアンの権利獲得運動といった社会運動と密接なかかわりがあるため、アカデミズム化により、クィアがそもそも有している批判性、脱規範性を失う可能性が指摘されているのである（島袋 二〇二〇）。

また、クィアという語が、原義に近い「奇妙なものそのもの」を指すのか、それとも理論化過程において主要な役割を果たした性的マイノリティの集団を指すのかについては、非常に定義が難しい。英文学者の村山敏勝は次の通りクィアの定義の二重性について述べている。

あらゆる規格外のセクシュアリティを包みこみながら、同時にクィアという語がまず一義的にゲイ&レズビアンを指してきたことは、まちがいない事実であり、概念としてのクィアの特殊さは、この指示作用の二重性にある。（村山 二〇二二〔二〇〇五〕：一六頁）

以上のような定義の複雑性を踏まえつつも、人文学の各分野では、クィアの視点を踏まえた研究が近年急速に進みつつある。例えば人類学では世界各地の在地的な性のあり方の「発掘」から、「ジェンダー」／「セクシュアリティ」概念そのものの問い直しへと展開している（新ヶ江 二〇一一、大村 二〇一九）。地理学では、性的マイノリティが多く集まる地域であるゲイ・ディストリクトへの着目から、「空間」「場所」のクィア視点に基づく批判的検討が深められている（福田 二〇一八、須崎 二〇一九）。歴史学（日本近世史・近現代史・文化史）では複数の時代相における着目されてこなかった歴史の捉え返し（三橋 二〇〇八、酒井 二〇一六、長島 二〇一七、伊東 二〇二一）、東アジア地域研究では、日本人研究者が着目しない「当たり前」への注目（Pflugfelder 1999, Lunsing 2001）がなされている。

これらの諸分野の研究では、クィアに関する研究を通し、各学問におけるより広い（もしくは高次の）認識や概念を批判的に捉え返すことが企図されているといえるだろう。

本書のねらい

こうした人文学全体の動きも踏まえつつ、本書では、クィアの視点から民俗学の新たな可能性を拓いていく——大胆に言えば「クィアの民俗学」の第一歩を踏み出すことを目的とする。これまで多分野のクィア・スタディーズが精緻に議論を積み重ねてきた性的マイノリティ研究から議論を始めつつも、クィアという語の原義にも立ち返り、民俗学が扱う多様な対象——ここにはいわゆる「民間伝承」や「口承文芸」と呼ばれてきたものも入るであろう——をクィアの視点からどのように捉えうるか提示したい。

また本書では、副題にもあらわれているとおり、「ＬＧＢＴ」と呼ばれる性的マイノリティの人びとの「日常」をみつめる視点も重視している。ニュースや新聞等で「ＬＧＢＴ」が取り上げられる際には、差別などの人権問題や、同性パートナーシップや同性婚といった法制度の問題に光が当てられがちである。人権や法制度の問題は極めて重要であるが、民俗学の強みは、普遍的な人権意識や公的な法制度に必ずしも包摂されないような、人びとの日常的で微細な営みを捉えるところにある。こうした視点を踏まえ、本書では、スポーツサークルや寺院など、これまでのクィア・スタディーズであまり注目されてこなかったようなフィールドにも焦点を当てることを試みている。

第一部「民俗学史からクィアを考える」では、民俗学のなかでこれまでほとんど注目されてこなかった、もしくは不可視化されてきた「クィア」をめぐる視座を、おもに日本の民俗学の学史を再検討することで再整理する。

まず第一章（辻本執筆）では、これまでの日本民俗学の学史の中で陰に隠れてきた「日本民俗学クィア研究」の系譜について、北野博美の存在や「男色」「男巫女」に関する研究を取り上げながら素描することを試みる。つづく第二章（辻執筆）では、性の問題について日本の民俗学で先駆的に取り組んだ南方熊楠と岩田準一に着目し、南方と岩田が交わした膨大な書簡を読み解きながら、両者が徹底的な文献考証に基づく研究を志向したこと、そしてそれらが柳田國男らの目指した「主流」の民俗学に包摂されない、クィアな研究実践であったことを指摘する。コラム１（島村執筆）では、沖縄出身で伊波普猷《いはふゆう》の薫陶を受け、その後東京で活躍し、『異態習俗考』など〈俗〉なるものに着目した論稿を数多く著した金《きん》城朝永《じょうちょうえい》を紹介する。

第一部で紹介する南方や岩田、北野、金城らに共通するのは、彼らの実践が狭義の「研究」にとどまらない、既存の枠組みを超え出たり、複数の枠組みを往還したりするものであった点である。だからこそ、クィアなものへの視点がこれまでの「アカデミックな」枠組みの民俗学の中で正当に評価されなかったと考えられるのである。

第二部「「いま・ここ」からクィアを見通す」では、現代の民俗学が向き合う眼前の現実社会において、いかにクィアを考え、描き出すことができるのか、三編の論文を通して考える。

まず、第三章（三上執筆）は「ＬＧＢＴの駆け込み寺」と呼ばれる大阪府の寺院・性善寺におけるフィールドワークから、セクシュアリティに悩む多様な人びとが宗教施設にあつまり、どのような実践を行っているのかを明らかにする。つづく第四章（辻本執筆）は、日本のゲイ・バイ男性により多くのバレーボールサークルが結成されている現象に着目し、それがいつごろから見られる現象なのか、なぜバレーボールなのか等について、ゲイ男性向け雑誌資料の分析から検討する。最後の第五章（大田執筆）は、長崎市でスナックを営んできた「マダムナンシー」と呼ばれる人物のライフヒストリーである。トランスジェンダーであり、華僑であり、そして被爆者であるという三つの属性が交差するマダムナンシーが、どのように長崎の街で生きてきたのかを描き出す。

第二部の各章で用いられたクィアを捉えるための手法——宗教施設への参与観察、雑誌分析、ライフヒストリー調査——は、いずれもこれまでの民俗学が「現代」を捉える上で得意としてきた手法である。民俗学の手法を用いて、どのように現実社会におけるクィアな存在を描き出すことができるのかという視点からも、各章をぜひ味わっていただきたい。

第三部「クィア民俗学の展開」では、現代民俗学の最新の動向を意識しながら、本書の目指すクィアの民俗学のさらなる展開可能性を検討する。

まず、第六章（辻本執筆）は、近年国際的に急速に発展しているインターネット空間の民俗学的研究の動向を踏まえ、政治家による性的マイノリティへの差別発言に対して、SNS上で「短歌」という形を取った笑い話が流行した現象を分析する。また、第七章（廣田執筆）は「異類婚姻譚」という民俗学の口承文芸研究や神話研究で用いられてきた古典的な概念を、人と動物、神々などが織りなす関係性を記述するクィアな概念として読みなおすことを試みる。コラム2（島村執筆）では、アメリカ民俗学におけるディープ・フォークロアへの着目について、特にクィア・アーティストの活動を事例に紹介する。

本書を通読いただければ、アカデミズムであれ在野の研究者によるものであれ、クィアが民俗学にとって非常に親和的な研究対象であるということがご理解いただけるであろう。本書をきっかけに、大学や在野での民俗学研究においてクィアをテーマとする方が増えていくことを心から願っている。

［付記］本章は、二〇二二年三月一九日に開催された現代民俗学会第六一回研究会「民俗学をクィア化する」での発表・議論の内容をもとにしたものである。なお、本章脱稿後、荒木生（二〇二三）「包摂的「常民」概念の可能性——マイノリティによる芸術活動を読み解く」『常民文化』第四六号に接した。この荒木論文は、民俗学研究にクィアの視点を導入する必要性を説く点で、本書の内容と共鳴する部分が多く、今後民俗学においてクィア研究がますます進展することが期待される。

参考文献

伊東久智　二〇二一「近代日本の大衆芸能とジェンダー・セクシュアリティ」『歴史学研究』一〇一六

ウェルカー、ジェームズ　二〇一九「ボーイズラブ（ＢＬ）とそのアジアにおける変容・変貌・変化」、ウェルカー編『ＢＬが開く扉――変容するアジアのセクシュアリティとジェンダー』青土社

大村優介　二〇一九「「セクシュアリティ」概念を／とともに考える」『Gender and Sexuality』一四

酒井晃　二〇一六「戦後日本における男性同性愛への「寛容」と嫌悪」明治大学博士論文

島袋海理　二〇二〇「クィア理論の制度化・規範化を考える―― David Halperin "The Normalization of Queer Theory"」『教育論叢』（名古屋大学）六三

新ヶ江章友　二〇一一「クィア人類学の可能性を探る――男性ジェンダー研究とセクシュアリティ研究の架橋」『社会人類学年報』三七

須崎成二　二〇一九「「新宿二丁目」地区におけるゲイ男性の場所イメージとその変化」『地理学評論』九二（二）

長島淳子　二〇一七『江戸の異性装者たち』勉誠出版

三橋順子　二〇〇八『女装と日本人』講談社現代新書

村山敏勝　二〇二二（二〇〇五）『（見えない）欲望に向けて――クィア批評との対話』ちくま学芸文庫

福田珠己　二〇一八「ホームの地理学とセクシュアリティの地理学が出会うとき」『空間・社会・地理思想』二一

Lunsing, Wim 2001, *Beyond Common Sense: Sexuality and Gender in Contemporary Japan*, Kegan Paul.

Pflugfelder, Gregory M. 1999, *Cartographies of Desire: Male-Male Sexuality in Japanese Discourse, 1600-1950*, University of California Press.

目次

第二部　「いま・ここ」からクィアを見通す

第一部　民俗学史からクィアを考える

第一章　日本民俗学クィア研究史

辻本侑生

一　知られざるクィア研究の系譜

民俗学において、クィアはどのように論じられてきたのだろうか。

クィアについての研究を先んじて蓄積してきたのは、アメリカやヨーロッパなど、海外の民俗学である。例えばアメリカ民俗学では、性的マイノリティたちが自分たちをあえて卑下して笑いをとるために用いるジョークやユーモアの研究や、デモやパレード、クィア・カルチャーにおいてどのようなパフォーマンスが行われるかといった研究が蓄積されている（Weems 2008; Chadwell-English and Bronner 2019）。このほか、ＨＩＶに関する医療民俗学的な研究（Goldstein 2004）や、インターネット上におけるキリスト教徒コミュニティに関する研究（Howard 2011）においても、性的マイノリティの存在が取り上げられている。アメリカ民俗学会では LGBTQIA+ Section という分科会を組織しており、さらに、ゲイ男性たちに関するフォークロアを研究した（Goodwin 1989）民俗学者の名を冠した、クィアの民俗学に特化した学生向け論文賞（Joseph Goodwin Queer Folkloristics Student Paper Prize）も設置している。

ただし、性的マイノリティについて社会運動や法制度の面で先行しているアメリカの民俗学においてすら、これまでクィアは数多くある研究トピックの一つでしかなかったと捉えるのが妥当である。しかし、二〇二一年にアメリカ民俗学の若手研究者が複数参画して出版された *Advancing Folkloristics* という書籍では、クィアを一つの研究トピックなどではなく、民俗学を刷新し、さらには民俗学全体を性格づけるキーワードとすることが試みられている（Thorne and De Los Reyes 2021, 島村 二〇二一）。こうしたアメリカ民俗学の学問的動向は、二〇一〇年代後半の共和党政権下のアメリカで発生したマイノリティをめぐるさまざまな事件とそれらをめぐる社会運動に呼応する部分が大きいといえるだろう。

またヨーロッパにおいては、民俗学者や人類学者が協働しながらクィア研究が展開しており、人類学関連の最大級の学会であるＥＡＳＡ（European Association of Social Anthropologists）にはＥＮＱＡ（European Network for Queer Anthropology）という研究ネットワークが設けられ、網羅的な文献リストも整理されている。[1] さらに、ヨーロッパにおいて多くの民俗学者が集う学会であるＳＩＥＦ（International Society for Ethnology and Folklore）の機関誌 *Ethnologia Europeae* の五〇周年記念号（二〇一七年）にも、移民とクィアの交差性を扱った論文が掲載されている（Kosnick 2017）。

では、日本の民俗学においてはどうだろうか。現在、日本で刊行されている民俗学関連の教科書や辞典において、クィアや性的マイノリティが取り上げられているものは、ほぼ皆無である。二〇二一年に民俗学の家族研究者らによって著された『現代家族のリアル――モデルなき時代の選択肢』（中込・

中野・中野編 二〇二二）をみても、今後の民俗学が取り組むべき課題の一つとしてごくわずかに言及されているに過ぎない。アカデミックな体制を整えてきた日本民俗学の歴史において、性的マイノリティやクィアの存在は、ほとんど無視されてきたように思われる。

しかし、日本の民俗学の歴史を丁寧にさかのぼれば、実はこれまでもクィアの研究を積み重ねてきた先人たちが数多くいることに気づく。それらの蓄積は、これまで整理されることはほとんどなく、個々の研究者の「趣味」や「余業」としてしか理解されてこなかった。

そこで本章では、これまでの日本民俗学史において顧みられてこなかった「日本民俗学クィア研究史」をたどっていくことを試みる。

二　北野博美――日本民俗学におけるクィア研究の先駆者

まず、日本民俗学におけるクィア研究の先駆者として、北野博美（一八九三〜一九四八）の名をあげておきたい。北野は民俗学史上、知る人ぞ知る民俗学者である。しかし、日本民俗学におけるクィア研究の先駆者として、北野の存在を見逃すことはできない。

北野は福井県福井市に生まれ、福井県で新聞記者として勤務した後、上京し、雑誌『変態心理』の編集、さらには『性之研究』の創刊・発行に関わった人物である。一方、北野の名は編集者としてのみならず、折口信夫の講義の口述筆記を担った人物としても知られている。そして、北野は盆踊りなどの年中行事に関する研究会を開催したり、自身の原稿執筆等も行ったりしていた（高崎 一九五九）。このように北野の活動は、「性」や「民俗」といったキーワードを踏まえつつも、編集・口述筆記・企画・原稿執筆など多様な形態をとっており、保坂達雄が指摘している通り、狭義の「研究者」の枠に収まらない、コーディネーター的な役割を担っていた人物であるといえるだろう（保坂 二〇〇三：五一三頁）。

こうした北野博美のユニークさに惹かれ、内海宏隆は北野を「裏方のひと」と捉え、その伝記的研究を試みた（内海 一九九七a～e）。内海は北野の足跡について、北野が編集に関係した雑誌の彙報《いほう》欄の分析や、出身地の福井県の関係施設への取材等を通して追跡しているが、例えば北野が福井県のどの新聞社に勤めてどのような仕事をしていたのかはいまだ不明であり、一次資料の不足から明らかになっていない部分は多いという。こうした調査を通して内海は、「北野の生活信条や道徳感覚、学問への指向性といったものがあまりに破格なものであったがゆえに世間一般へは容易に説明しきれぬ」（内海 一九九八：一五二頁）部分があると指摘している。

このように、北野の民俗学的実践の全貌はまだ明らかになっていない部分が大きいが、性民俗研究や年中行事研究、芸能研究、そして雑誌の編集や折口の講義録の作成など、さまざまな実践を縦横無尽に往復していたと考えられる。こうした北野の実践は、現代における狭義の「研究者」の枠にとどまらない、クィアな実践として読み直していくことができるであろう。

三　鹿児島「男色」研究史

さて、前節で紹介した北野博美は、一九二一年の著書『変態性欲講義』において、「現在でも、殊に九州の一地方に残存してゐる男色の風習」（北野 一九二一：八一頁）に言及している。南方熊楠が鹿児島の男色《なんしょく》に関心を示したことなどは、既に別稿で紹介したことがあるが（辻本 二〇二〇）、薩摩の「男色」、すなわち男性同士の親密な、時に性的な行為を伴う関係性については、民俗学者が関心を持ってきたテーマである。

例えば三品彰英《みしなあきひで》は、一九三四年に、鹿児島における在地の年齢秩序である兵児二才《へこにせ》制についてフィールドワークを行い、一四歳～二〇歳までの青年たちからなる「二才《にせ》」が、武士の規範に基づく厳格な生活規則のもと、異性（女性）との接触を避け、また「稚児」と呼ばれる美少年を信奉し、警護する役目を担っていたと報告している。そして、「二才衆と稚児衆の間に男色関係が存在した」（三品 一九七四：三二九頁）と述べている。こうした稚児を信奉する習俗は、いまでも鹿児島県内の祭りや芸能にその姿を残している（小野 一九七七）。

鹿児島の男色について、武士の習俗という観点からさらに切り込もうとした民俗学者が、千葉徳爾《とくじ》である。千葉ははげ山に関する地理学的研究や、狩猟伝承に関する民俗学的研究で知られるが、晩年には自らの戦争経験や猟師に関する調査経験などの延長のもと、「たたかい」について強く関心を持ち、その一環として少年愛と武士の関係性（千葉 一九九二）について論じている。ただし、千葉としては、

> 少年愛の作用が、戦争と呼ばれる西南の役においてどのような形をとったかは、その地が島津氏の影響の残る土地でもあり、筆者も興味をもって調べたのだが資料は意外に乏しかった。有名な「田原坂」の歌詞にも唱えられているように、美少年に対する讃仰の存在を暗示するものはあるにしても、現実

の史料からそれを求めることは絶望に近い。若干の記事、例えば垂水市史史料の中になどには認められるにしても、確たる証跡とはいい難い。薩摩地方の習俗、祭儀や教育法の中にそれらしい遺風が無いではないが、一章を立てて論考を行うほどの勇気は筆者には起らなかった（千葉 一九九四：二九二頁）。

と述べており、求める十分な答えにたどり着けなかったようである。

なお、その後、鹿児島の男色に関するテーマは、歴史学において研究が進展している。例えば二〇二二年に歴史学者の三橋順子が出版した『歴史の中の多様な「性」』には、一章を割いて鹿児島の男色に関する近世・近代の歴史が叙述されており、鹿児島の「男色」慣行が、現在の「同性愛」と異なり、年齢の上下関係による強制的な、時には暴力をも伴う性的関係性であったことを明らかにしている（三橋 二〇二二）。日本中世史の杉浦鈴も、現代における「同性愛」と、前近代にみられた「男色」は、単純に同一視できるものではなく、前近代に男色がみられたことを根拠に、「日本は以前から同性愛に寛容だった」と主張することは誤りであると指摘している（杉浦 二〇二〇）。

「男色」と「同性愛」の関係をどのように考えるかは重要な問題であるが、ここでは、鹿児島という一地域にみられた男性のセクシュアリティのあり方について、民俗学者たちが連続的に関心を持ってきたことを指摘しておきたい。

四　「男巫女」研究史

「男色」の他にも、鹿児島県の薩南諸島における、男女のジェンダーの境界を越境する宗教者に着目する報告や研究が、民俗学において蓄積されてきた。

男巫女に着目した最も早い研究者は、民俗学者・考古学者の国分直一である。国分は一九六一年にハワイ・ホノルルで開催された学術会議で、外国人研究者が奄美大島で撮影した「女装した男ユタ」の写真をみて興味を抱き、一九六五年に奄美大島・名瀬を訪問し、「ホゾンガナシ」と呼ばれる、「化粧し、もののいい方、歩き方まで女性的な男ユタ」（国分 一九七〇：四〇七頁）と面会している。

国分による報告も影響してか、その後、具体的な報告も出現する。例えば、一九七四年、安田宗生は鹿児島県悪石島での調査結果をもとに、次のように述べている。

> 南島（ここでは薩南諸島より八重山群島に至る島嶼群を指す）において男でありながら自らを女性と意識して信仰活動に従事する男巫女が存在する。彼らのライフヒストリー等の聞書をとることはかなり困難であるが筆者は大島郡十島村悪石島において聞書を得る機会に恵まれた。（中略）男巫女は少なくとも三人居るが、内二名は既婚後神がのっており、現在別居中である。そのかわり同性に対して愛情を覚えるようになり、男性と同居するようになる。この場合性生活において男巫女は女性として機能している。この性的関係について男巫女は否定することはせず、むしろ「女以上に喜ばせることが出来る」

と公言している。また神がのってから物腰も柔らかくなり、歩き方、坐り方等の仕種が女性的となり、外出時に化粧を施したりするようになる。男性と同居した場合は調理その他の家事一切を行なうのは男巫女である。（中略）このような男巫女は村人から「おとこおんな」と呼ばれ一種の畏敬の念をもってみられている（安田 一九七四：八〜九頁）

さらに山下欣一は、一九七七年に出版した単著『奄美のシャーマニズム』において、徳之島の男性のユタについて「視線の不安定、マザーコンプレックス、女装する傾向などが強く表現されているのであって、これらは、今後の問題点として検討すべきであろう」（山下 一九七七：二〇七頁）と指摘している。その後、一九九六年にも小島摩文が、安田が報告した悪石島の「男巫女」について、「比較民俗学会報」で報告しているが、やはりそこでも「ライフヒストリーについて詳しく聞くことはしなかった」（小島 一九九六：一〇頁）とされている。

以上のような報告にある「女装」「女性的」といったような表現は、現代のジェンダー・セクシュアリティ研究の水準からみれば、当事者のアイデンティティを踏まえたものになっていない可能性もあるであろう。しかし、民俗学者たちが既存のジェンダーやセクシュアリティの規範を超える在地の宗教者が複数存在することに気づいていたことも、また事実である。ただし、そうした宗教者たちのライフヒストリーなどについて、立ち入って調査することが何らかの事情によって憚られていたため、中心的な調査研究のテーマになってこなかったと推察される。

五　クィアの現代民俗学に向けて

本章では、日本民俗学のこれまでの歴史の中で必ずしも一貫した流れではないにしても、クィアに関する研究が積み重ねられてきたことを示してきた。特に鹿児島の「男色」や「男巫女」に関する断片的ではあるが連続的な研究潮流は、民俗学がジェンダー・セクシュアリティの地域性を捉えてきたことの一つの証左として、再検討されてもよいものであろう。ただしこれは、日本の中で、鹿児島に特異なジェンダー・セクシュアリティが残存している、ということを意味していない。本章が明らかにしえたのは、あくまでも何らかの経緯により、民俗学者たちが特定の地域におけるジェンダー・セクシュアリティのあり方に、断続的に関心を寄せてきた、という事実である。民俗学という「知」のあり方と、鹿児島におけるジェンダー・セクシュアリティに関する記述がどのように結びついていったのか、学史的に検討することは今後のさらなる課題である。

本章がみてきた流れの中で留意しておくべきことは、「クィアの研究」だけを行ってきた民俗学者はいない、ということである。北野博美のように民俗学の研究に加えて、全く別の実践を同時に行ってきた者もいるし、千葉徳爾のように民俗学・地理学分野において多彩なテーマを手掛ける中での、一つのテーマとして男色に着目していた者もいる。日本民俗学におけるクィア研究は、個性ある研究者たちが多様な分野やテーマ、実践を行き来する単純に理解できない過程において、積み重ねられてきたのである。

さらにいえば、慣行的な男性同士の性的関係性は世界各地にみられるものであるし、「男巫女」に似た存在は韓国においても報告されている（浮葉 二〇一七）。現代民俗学におけるクィア研究は、今後国際的な視点も含め、さらなる展開が望まれる沃野《よくや》なのである。

注

（1） https://www.easaonline.org/networks/enqa/bibliography.shtml

参考文献

浮葉正親　二〇一七　「韓国の男巫の異性装とその歴史的背景」『アジア遊学』二一〇
内海宏隆　一九九七ａ　「裏方のひと　北野博美伝①」『若越郷土研究』　四二（二）
内海宏隆　一九九七ｂ　「裏方のひと　北野博美伝②」『若越郷土研究』　四二（三）
内海宏隆　一九九七ｃ　「裏方のひと　北野博美伝③」『若越郷土研究』　四二（四）
内海宏隆　一九九七ｄ　「北野博美の晩年　折口信夫とのわかれ」『芸術至上主義文芸』二三
内海宏隆　一九九七ｅ　「北野博美と折口信夫　昭和初期の動向を中心にして」『研究紀要（攻玉社中学・高等学校）』三
内海宏隆　一九九八　「北野博美の晩年　折口信夫とのわかれ（二）」『芸術至上主義文芸』二四
小野重朗　一九七七　「稚児神の習俗」大林太良・谷川健一責任編集『東アジアの古代文化別冊'77（特集　西南日本の古代文化）』大和書房
北野博美　一九二一　『変態性欲講義』（変態心理学講義録第八篇）日本変態心理学会

国分直一　一九七〇　『日本民族文化の研究』慶友社

小島摩文　一九九六「シャーマンの儀礼的女性化について　悪石島のSさんの思い出」『比較民俗学会報』一六(二)

島村恭則　二〇二一　「ジェシー・ファイブコート他編『民俗学の前進』」『現代思想』二〇二一年一月号(特集＝現代思想の新潮流　未邦訳ブックガイド三〇)

杉浦鈴　二〇二〇　「〈前近代は性的に寛容〉は本当なのか　クィアな死者に会いに行く　前近代のジェンダー／セクシュアリティを問うための作法」方法論懇話会編『療法としての歴史〈知〉』森話社

高崎正英　一九五九　「北野博美年譜その他」『日本民俗学大系第七巻　生活と民俗(二)』平凡社

千葉徳爾　一九九一　「武士と少年愛」『たたかいの原像　民俗としての武士道』平凡社

千葉徳爾　一九九四　『負けいくさの構造　日本人の戦争観』平凡社

辻本侑生　二〇二〇　「いかにして「男性同性愛」は「当たり前」でなくなったのか――近現代鹿児島の事例分析」『現代民俗学研究』一二

中込睦子・中野紀和・中野泰編　二〇二二『現代家族のリアル――モデルなき時代の選択肢』ミネルヴァ書房

保坂達雄　二〇〇三　「折口信夫と北野博美」『神と巫女の古代伝承論』岩田書院

三品彰英　一九七四　「薩藩の兵児二才制度――主としてその民間伝承的性質について」『新羅花郎の研究』(三品彰英論文集第六巻)平凡社

三橋順子　二〇二二　「薩摩藩における男色の系譜」『歴史の中の多様な「性」　日本とアジア　変化するセクシュアリティ』岩波書店

安田宗生　一九七四　「鹿児島県十島村の男巫女」『西郊民俗』六六

山下欣一　一九七七　『奄美のシャーマニズム』弘文堂

Chadwell-English, J. Tyler and Bronner, Simon J. 2019. "Folklore and Folklife of American LGBTQIA+ Communities and Queer Culture," Bronner, Simon J. ed. *The Oxford Handbook of American Folklore and Folklife Studies*, Oxford University Press.

Goodwin, Joseph. 1989. *More Man Than You'll Ever Be!: Gay Folklore and Acculturation in Middle America,* Indiana University Press

Goldstein, Diane. 2004. *Once upon a Virus:AIDS Legends and Vernacular Risk Perception,* Logan:Utah State University Press.

Howard, Robert Glenn. 2011. *Digital Jesus: The Making of a New Christian Fundamentalist Community on the Internet.* NYU Press.

Kosnick, Kira. 2017. "OUT ON THE SCENE. Queer Migrant Clubbing and Urban Diversity," *Ethnologia Europaea* 47(1)

Thorne, Cory W. and De Los Reyes, Guillermo. 2021. "The Folklorization of Queer Theory: Public Spaces, Pride, and Gay Neoliberalism." Fivecoate, Jesse., Downs, Kristina and McGriff, Meredith ed. *Advancing Folkloristics*, Indiana University Press.

Weems, Mickey. 2008. *The Fierce Tribe: Masculine Identity and Performance in the Circuit.* Utah State University Press.

第二章　南方熊楠と岩田準一の「男色談義」

辻　晶子

一　南方熊楠と岩田準一の性民俗研究

南方熊楠（一八六七〜一九四一）（写真1）は、植物や粘菌などの生物学研究のほか、民俗学、仏教学、そして性にまつわる研究など、さまざまな分野を脱領域的に横断した「知の巨人」として知られる。江戸時代の最後の年に生まれ、明治とともに育った熊楠は、少年期にはまだ産声をあげたばかりの日本近代教育を、青年期にはアメリカ、イギリスで自然科学を享受し、その生涯をかけて学問に打ち込んだ。この世の全てのものに関心を向ける熊楠にとって、自身のセクシュアリティをも含む性の在り方は、すぐれた観察対象であった。

熊楠の思考と記述のスタイルは、好んだ粘菌の生態そのもののように、四方八方に広がっていく（ように一見、思われる）ものであり、体系立った近代科学の範疇に位置づけることはなかなかに難しい。た

写真１　南方熊楠の肖像
出所：南方熊楠顕彰館（田辺市）
（1929 年 6 月撮影）

写真２　岩田準一の肖像
出所：鳥羽市観光商工課（鳥羽市）
（撮影年月不明）

写真３　『志摩のはしりかね』
（1972 年版）

とえば民俗学の分野において、柳田國男や折口信夫と比較されながらも、彼らほどには批判的検証の対象として取り上げられてこなかったのは、熊楠が彼らと袂を分かつようになったことにも起因するかもしれないが、何よりも熊楠の学問の幅広さ、無秩序さによるものだろう。しかし、民俗学をはじめ、近代以降の日本の学術界では表だって掬い上げられてこなかった性の問題にいち早く焦点を当て、性の多様性をひもとこうとした営為は、クィア研究の先駆けとなるものとして大きく注目される。性の問題にとことん向き合った熊楠の民俗学は再評価されるべきである。

熊楠の性民俗研究の結晶とされてきたのが、最晩年の十年間（一九三一～一九四一）に鳥羽出身の風俗研究家・岩田準一（一九〇〇～一九四五）（写真2）との間に交わした、日本の男色に関する往復書簡である。熊楠研究において、この「男色談議」は、神社合祀反対運動や粘菌研究などと並ぶ偉業の一つとして数えられてきた。

一方の岩田は、熊楠より三三歳年少の若き文士であった。裕福な雑貨商であった生家の後ろ盾と、兄・宮瀬規矩《きく》（大阪朝日新聞鳥羽通信部記者）を中心に形成された文化サロンの薫陶を得て、絵画や小説、短歌など創作活動を好む文化人として暮らした（鳥羽郷土史会 二〇一二）。家業を継いでからは、海女や漁具など志摩の生活に関する調査と記録を開始し（写真3）、のちには、渋沢敬三が創設したアチック・ミューゼアムの一員として名を連ねた民俗学研究者でもあった。

岩田の名が最も知られているのは、ライフワークであった男色研究においてである。鳥羽造船所に勤務していた平井太郎、のちの江戸川乱歩と知り合い、協力して男色文献を渉猟したことは有名である。岩田もまた、性民俗研究の草分け的存在の一人だといえる。

ところが、岩田に関する研究は、熊楠のそれに比して立ち後れていると言わざるを得ない。美術史家・丹尾安典による概説（丹尾 一九九八）のほか、乱歩研究のなかで一部取り上げられることはあったが（渡辺 二〇〇四など）、岩田自身に光を当てた研究はまだ本格的には始動していない。手紙魔であった熊楠の文通相手の一人として、乱歩のふるくからの友人として、そして、男色研究に生涯を捧げた「好事家」として、知る人ぞ知る、というのが現状だろう。

二 「男色談議」の研究史

熊楠と岩田の往復書簡は、熊楠の没後十年に出版された乾元社版『南方熊楠全集』（一九五一～一九五二年）と、その二〇年後の刊となる平凡社版『南方熊楠全集』（一九七一～一九七五）に収載されている。全集によって、二人の往復書簡の存在は熊楠の没後しばらくして知られるようになったが、その価値を「再発見」し、世に問うたのが作家・稲垣足穂である。足穂は、往復書簡によって熊楠を「A感覚的先駆者」と位置づけながら、次のように評している（稲垣 一九六〇）。

文献的困難も手伝っているのであろうが、南方翁の男道論には、弓矢の匂いのするものが多く引用されている。（中略）その代りに、室町文学の児物に見られるような縹渺のおもむきがあるものには欠けている。（中略）彼の男道論は、云わば明治好みのバンカラ少年趣味の理想化だと云われぬこともない。

バンカラ趣味的であるという批評は、一面では熊楠の指向の本質を突くものであるが、二人の書簡が岩田からの問いに熊楠が応答する場であったこと、つまり岩田の研究動向が往復書簡の内容に影響した点を見過ごしてはいけない。実は、往復書簡開始時に、岩田の通史的男色研究は、既に室町期編まで完成していた。そのため、熊楠への質問は、それ以降の戦国から江戸期にかけての「弓矢の匂いのする」武家社会の文献に関するものに集中したのである。とまれ、このような事情を差し引いても、熊楠が江戸期の資料にめっぽう強かったことは確かである。特に、西鶴の好色物には関心を寄せたらしく、南方熊楠顕彰館に所蔵されている熊楠蔵書である帝国文庫『西鶴全集』上下巻は、ぼろぼろになるまで読み込まれ、おびただしい書き込みがなされている。

往復書簡の再評価として記憶に新しいのは、熊楠の没後五〇年（一九九一年）に沸き起こった熊楠ブームの代表作となる中沢新一編「南方熊楠コレクション」シリーズ第三弾『浄のセクソロジー』である。中沢が解題した、往復書簡における熊楠の「浄と不浄」の男色論は、ここに大きく注目されることとなった。

熊楠は、「およそ男色と一概に言うものの、浄と不浄とあり」と述べて、男色を、精神的つながりを主とする「浄」と性欲による肉体的な「不浄」に二分してみせた。ちなみに、自身については、「貴下もしこの世に果たして浄の男道の一例だもあらば示せと仰せらるるなら、小生身すなわちその一例なり」と「浄の男道」を体現する存在であることを豪語している。

その後、二〇〇〇年代に入ると、熊楠邸調査の成果を受け、一次資料を使った実証研究が進められるようになった。伝説に象《かたど》られた虚像を脱し、「等身大の熊楠へ」(千本 二〇〇五)と、熊楠像の転換がはかられている。往復書簡において熊楠が唱えた「浄と不浄」の男色論についても、背景に男色を賛嘆する明治期の書生文化の影響があることや(佐伯 二〇〇二)、青年期の熊楠に同性愛の実体験があったこと(原田 二〇〇二)などが、資料分析により次々に解き明かされ、「浄」の男色の体現者というイメージは熊楠の自己演出として捉え直されることとなった。筆者もまた、熊楠の言う「浄と不浄」が、西洋よりもたらされた精神と肉体の二元論を踏襲した、同時代性に富むものであった点を述べたことがある(辻 二〇一二)。

このようにして、往復書簡における熊楠の男色論は、注目、解明されてきた。今後はさらに、書簡の相手となった岩田が、そして二人が、往復書簡を通じて目指した男色研究に対して光を当てていく必要がある。民俗学の創生期になされた彼らの性民俗研究とはいったい、どのようなものだったのだろうか。

三　男色研究の発表媒体

熊楠は、北野博美が刊行した雑誌『性之研究』に、「鮮人の男色」（一九二一年六月）や「若衆の名義起因――僧同士の非道行犯」（同年一一月）など、男色をテーマとする論考を発表したことがあったが、その関心の対象は男色に限らず、文化、歴史、民俗など性の全般にわたるものであった。たとえば、近親婚を取り上げたことから風俗壊乱罪で告発され、罰金百円を課せられたことで有名な論考「月下氷人」（『不二』一九一三年一一月）をはじめ、「東洋の古書に見えたキッス」（『性之研究』一九二一年二月）、「女性における猥褻の文身」（『変態心理』一九二五年六月）、「性画の流出入」（『彗星』一九二六年八月）、「「摩羅考」について」（『ドルメン』一九三四年一一月）など、広く性愛、セクシュアリティに関する論考を執筆している。また、所蔵本である中山太郎『売笑三千年史』（春陽堂、一九二八年）や梅原北明『秘戯指南』（文芸市場社、一九二九年）、田中香涯『耽奇猥談』（富士書房、同年）、高橋勝利『性に関する説話集』（私刊、年不明）など性をテーマにした書籍には、書き入れをしながら熱心に読み込んだ形跡が残されている。熊楠は、柳田の『郷土研究』や『民族』にも多数寄稿しているが、性民俗学の論考については、このように別の媒体で発表しているのである。

一方の岩田は、往復書簡が開始される前年の一九三〇年八月から、雑誌『犯罪科学』（武侠社）にデビュー論考「本朝男色考」を連載し始めた。タイトルの示すとおり、日本の男色の歴史を文献から時系列に掘り起こす長編で、そこでは、古代から室町時代にかけての男色文献が網羅されている。現代においても、日本男色史を知るための基礎資料となる一書である。

発表媒体となった『犯罪科学』は、昭和初頭の「エロ・グロ・ナンセンス」ブームのなかに創刊された月刊の大衆的娯楽雑誌である（写真4、5）。その構成要素は、犯罪、性、真理の三つで、全世界のとりわけ朝鮮や満州、琉球の性に関する報告が多く投稿されている点が貴重である。執筆者には、北野博美、田中香涯ら「変態心理」研究の面々が名を連ねた。

編集には、後に文化公論社を興す田中直樹が携わった。エロ・グロ雑誌から純文芸雑誌への移籍という田中の興味深い経歴について、紙幅の都合上、ここで立ち入ることができないのが残念であるが、田中らの手による『犯罪科学』が性科学研究を商業的エロ・グロではなく、文化史の一側面として位置づけようと試みたことは注目される。

世界の文化を研めて見ると二つの相を持つてゐることを否めない。その一つをA、他をBとする、Aは即ち表でありBはその裏である。Aは華麗面でありBは醜面であり暗黒面である。在来の文化史はこのA、つまり表面のみの上に打ち樹てられて来た。然し乍ら物の実相はその表面のみで研められるものではあり得ない。（中略）犯罪科学の持つ分野は即ち此のB面、暗黒面の実相を摑むことにある。ズブリとメスを刺す、そこに人生の凡ゆる実相は確然とする。犯罪科学は赤裸々なる人間性の解剖であると同時に又人間本来の要求を充盈する人生科学であらしめたいと思ふ。（『犯罪科学』創刊号、一九三〇年六月、巻頭言）

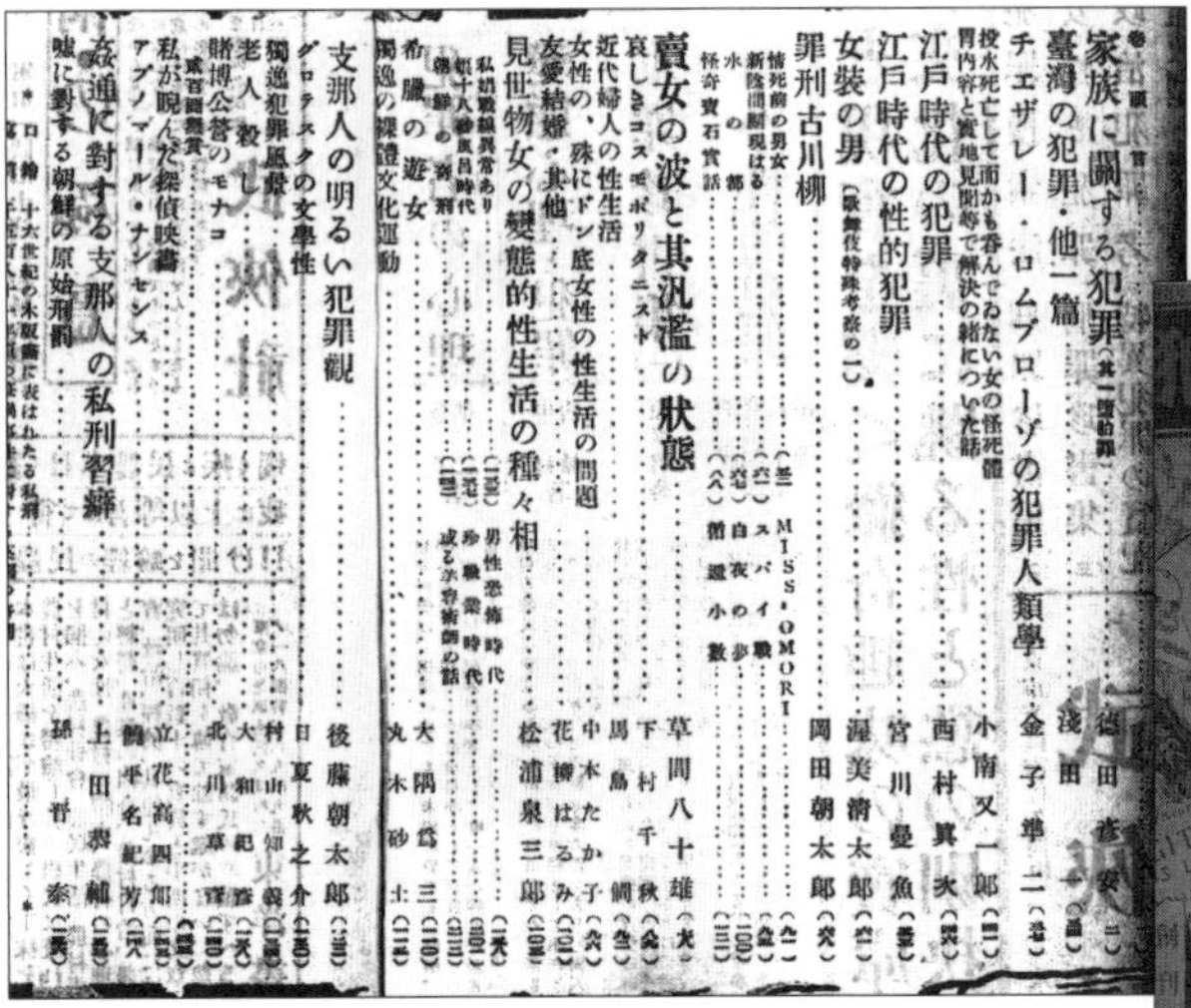
巻頭言 …… 徳田彦安
家族に關する犯罪（其一贈賄罪） …… 淺田一
臺灣の犯罪・他一篇 …… 金子準二
チエザレ・ロムブローゾの犯罪人類學 …… 小南又一郎
投水死亡して而かも呑んでゐない女の怪死體
胃内容と實地見聞等で解決の緒についた話 …… 西村眞次
江戸時代の犯罪 …… 宮川曼魚
江戸時代の性的犯罪 …… 澀美清太郎
女装の男（歌舞伎特殊考察の一） …… 岡田朝太郎
罪刑古川柳
情死前の男女 …… MISS・OMORI
新陰間現はる …… スパイ戰
水の都 …… 白夜の歩
怪奇寶石實話 …… 猶避小數
賣女の波と其汎濫の狀態 …… 草間八十雄
哀しきコスモポリタニスト …… 下村千秋
近代婦人の性生活 …… 馬島僴
女性の、殊にドン底女性の性生活の問題 …… 中本たか子
友愛結婚・其他 …… 花柳はるみ
見世物女の變態的性生活の種々相 …… 松浦泉三郎
私娼戰線異常あり …… 男性恐怖時代
娘十八歳風呂時代 …… 砂糖業時代
佛蘭西の新刑 …… 成る不奇術師の話
希臘の遊女 …… 大隅爲三
獨逸の裸體文化運動 …… 丸木砂土
支那人の明るい犯罪觀 …… 後藤朝太郎
グロテスクの文學性 …… 日夏耿之介
獨逸犯罪風景 …… 村山知義
老人殺し …… 大和紀彦
賭博公營のモナコ …… 北川草彦
或る國際賞 …… 立花高四郎
私が睨んだ探偵映畫 ……
アブノーマル・ナンセンス …… 飯平名紀方
姦通に對する支那人の私刑習癖 …… 上田恭輔
賊に對する朝鮮の原始刑罰 …… 孫晋泰
口繪 十六世紀の木版畫に表はれたる私刑

写真5　『犯罪科学』創刊号目次（1930年6月）

写真4　『犯罪科学』創刊号
表紙（1930年6月）

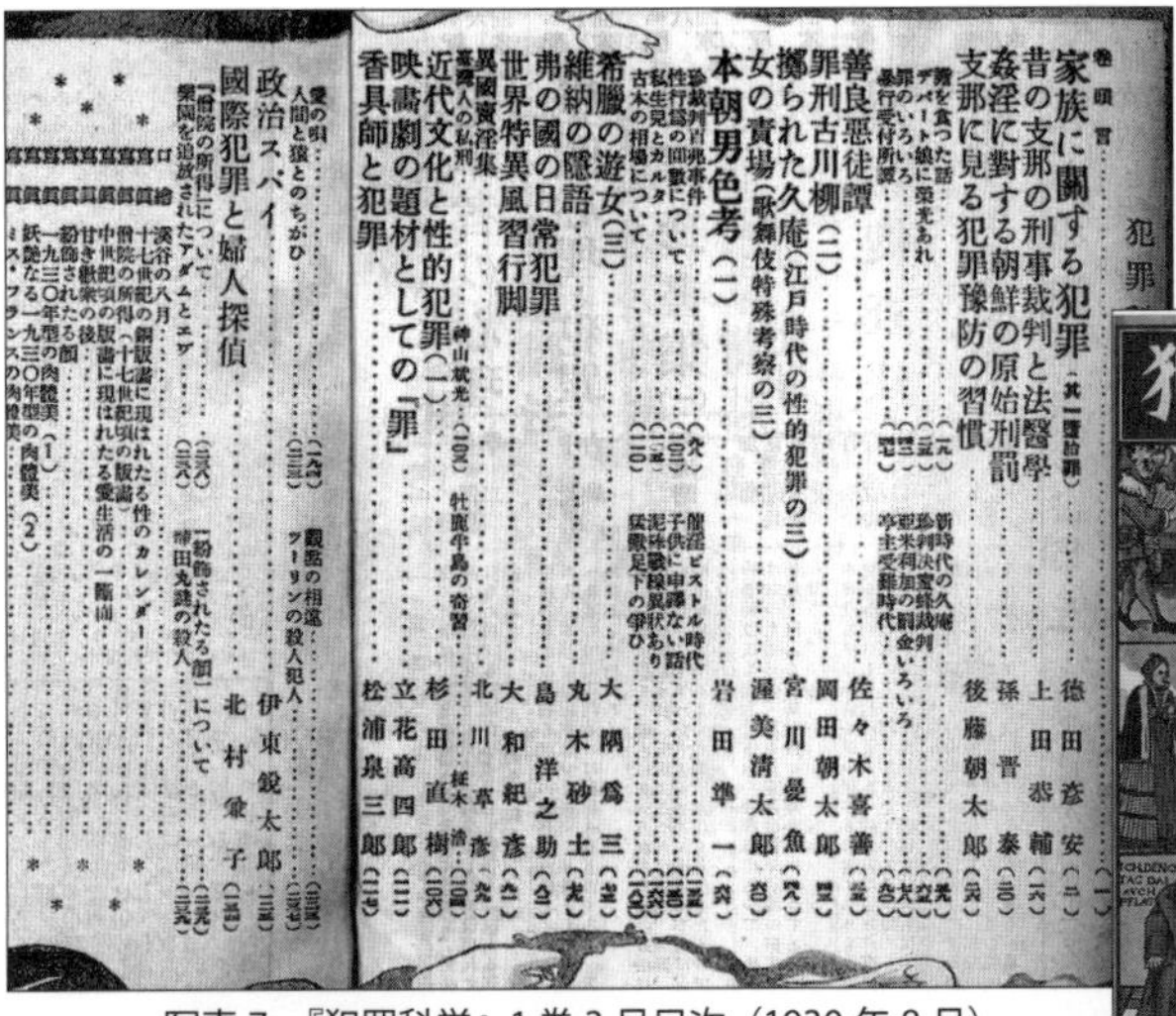
犯罪
巻頭言 …… 徳田彦安
家族に關する犯罪（其一贈賄罪） …… 上田恭輔
昔の支那の刑事裁判と法醫學 …… 孫晋泰
姦淫に對する朝鮮の原始刑罰
支那に見る犯罪豫防の習慣 …… 後藤朝太郎
蛸を食つた話 …… 新時代の久庵
デバ！ト娘に榮光あれ …… 珍判決宣告裁判
罪のいろいろ …… 惡米利加の罰金いろいろ
暴行受付所譚 …… 亭主受難時代
善良悪徒譚 …… 佐々木喜善
罪刑古川柳（二） …… 岡田朝太郎
擲られた久庵（江戸時代の性的犯罪の三） …… 宮川曼魚
女の賣場（歌舞伎特殊考察の三） …… 澀美清太郎
本朝男色考（一） …… 岩田準一
珍裁判官兇事件 …… 僧淫ピストル時代
性行爲の回數について …… 子供に申譯ない話
私生見とカルタ …… 泥棒歌擬狀あり
古木の相場について …… 陛下の爭ひ
希臘の遊女（三） …… 大隅爲三
維納の隱語 …… 丸木砂土
弗の國の日常犯罪 …… 島洋之助
世界特異風習行脚 …… 大和紀彦
異國賣淫集 …… 北川草彦
臺灣人の私刑 …… 神山斌光 …… 牡鹿半島の奇習 …… 北川桂木浩
近代文化と性的犯罪（一） …… 杉田直樹
映畫劇の題材としての『罪』 …… 立花高四郎
香具師と犯罪 …… 松浦泉三郎
愛の唄 …… 觀點の相違
人間と猿とのちがひ …… ワーリンの殺人犯人
政治スパイ …… 伊東鋭太郎
國際犯罪と婦人探偵 …… 北村兼子
『僧院の所得』について …… 『粉飾されたる顔』について
樂園を追放されたアダムとエヴ …… 梅田丸雄の殺人
口繪
寫眞　溪谷の八月
寫眞　十七世紀の銅版畫に現はれたる性のカレンダー
寫眞　僧院の所得（十七世紀頃の版畫）
寫眞　中世紀頃の版畫
寫眞　甘き歡樂の後に現はれたる愛生活の一斷面
寫眞　粉飾されたる顔
寫眞　一九三〇年型の肉體美（1）
寫眞　妖艶なる一九三〇年型の肉體美（2）
寫眞　ミス・フランスの肉體美

写真7　『犯罪科学』1巻3号目次（1930年8月）

写真6　『犯罪科学』1巻3号
表紙（1930年8月）

当時まだ無名の文士であったにもかかわらず、岩田の研究は『犯罪科学』にとって歓迎すべきものであったらしい。「本朝男色考」が掲載された一巻三号（一九三〇年八月）目次（写真7）には、他よりも大きな文字で取り上げられているほか、編集後記において田中は次のように岩田を絶賛している。

岩田氏の『本朝男色考』を得たことは何と言つても特筆すべきであらう。岩田氏は隠れたる篤学者、古事記時代から徳川末期に至る本朝男色に関する研究百五〇枚にも渉る力作である。（『犯罪科学』一巻三号、一九三〇年八月、編集後記）

田中は、熊楠と一九三〇年頃から交流があった（南方熊楠顕彰館に保管されている田中からの来簡は一九三二年一一月二九日付一点であるが、熊楠日記からは、これ以前の一九三〇年に手紙のやりとりがあったことが確認される）。そして、熊楠は田中らによる『犯罪科学』の読者であった。熊楠日記には、創刊間もない一九三〇年一〇月に二巻から六巻をまとめ買いした後、定期的に買い求めていたことが記録されている。

ところが、熊楠が『犯罪科学』誌面上で初めて岩田の存在を認識したのは、一九三〇年八月の「本朝男色考」連載開始から一年も後（一九三一年八月）のことであった。日常の細かなことまで記録していた熊楠であるが、一九三〇年の日記の中で岩田の名には一切触れていない。連載開始当初は読んでいなかったのだろう。

何かのきっかけに一九三一年八月九日、『犯罪科学』誌上で岩田を見つけ、その緻密な文献渉猟に感激した熊楠は、初めて知り得た岩田に宛てて三万字にも及ぶ長文の書簡を書いた。岩田とは面識がなかったため、知人である中山太郎に転送を依頼してまで、連絡を取りたがっていた。『犯罪科学』「本朝男色考」のページを埋め尽くすように書き入れられた文字列からは、同じ志をもつ研究仲間を発見した熊楠の、驚愕と興奮が目に浮かぶようである（写真8）。

新人として異例の好待遇で『犯罪科学』にデビューした岩田であるが、思想や文学を主とする『中央公論』への掲載を希望していた彼にとって、エロ・グロ雑誌での連載は、当初は不本意だったようである。

岩田君は「本朝男色考」という厖大な同性愛史を書きはじめた。そしてその第一章を私に見せ、できるなれば「中央公論」にのせたいということであったが、同誌には話がつかず、当時出ていた「犯罪科学」という雑誌に紹介して、連載することになった。岩田君ははなはだアカデミックな好みの男で、「犯罪科学」では不満であった。（江戸川 一九五七）

自分の研究を、流行のエロ・グロとは一線を画した「学術的な」ものとして打ち立てたかった（そしてそれが当初は叶わなかった）岩田にとって、世界的学者として著名であった熊楠から自分の学問を激励する書簡が届いたことは、この上ない喜びであったろう。

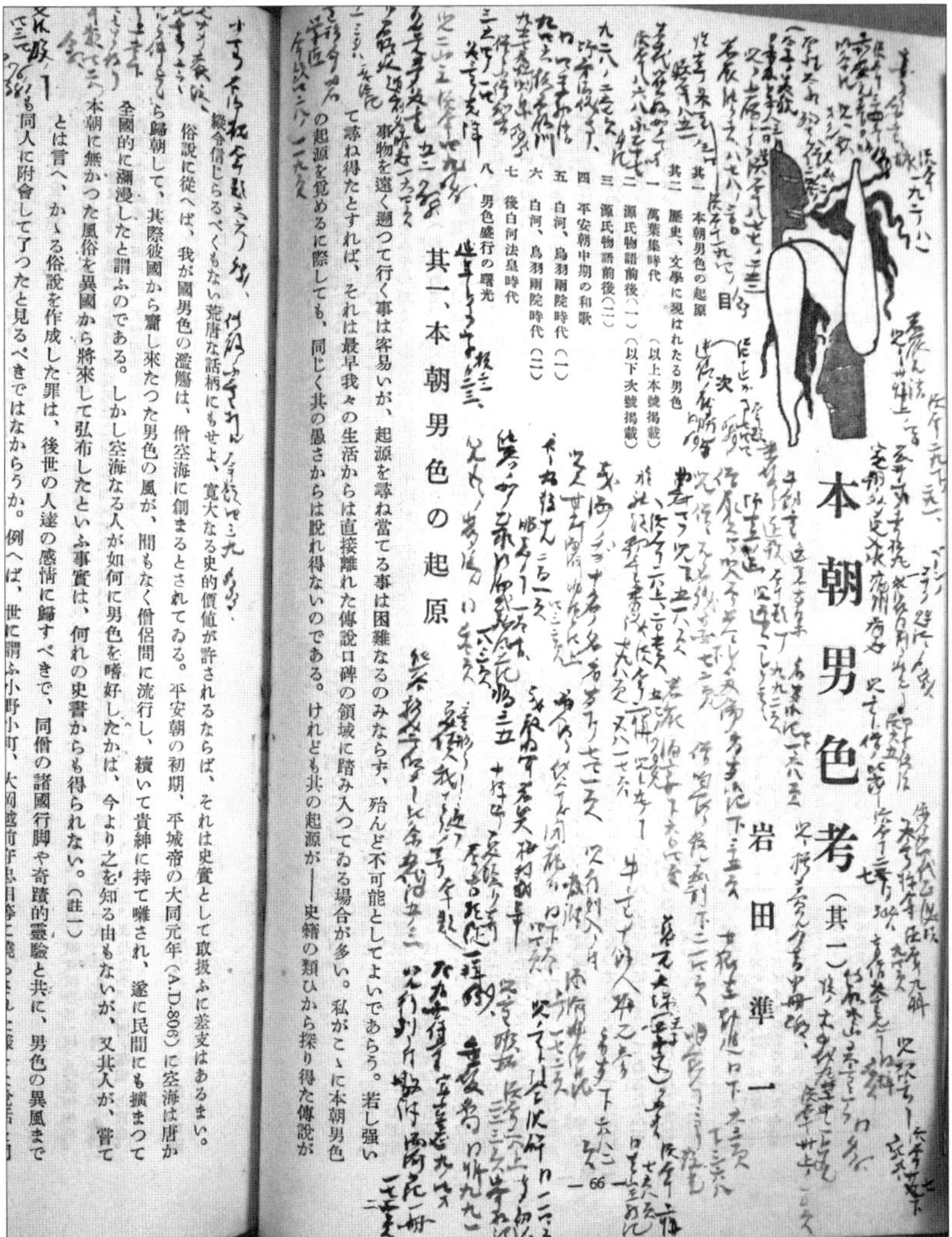

本朝男色考（其二）

岩田準一

目次

其一、本朝男色の起原

事物を遠く遡つて行く事は容易いが、起源を尋ね當てる事は困難なるのみならず、殆んど不可能としてよいであらう。若し強いて尋ね得たとすれば、それは最早我々の生活からは直接離れた傳説口碑の領域に踏み入つてゐる場合が多い。私がこゝに本朝男色の起源を覓めるに際しても、同じく其の愚さからは脱れ得ないのである。けれども其の起源が——史籍の類ひから採り得た傳説が

— 66 —

縱令信じらるべくもない荒唐な話柄にもせよ、寛大なる史的價値が許されるならば、それは史實として取扱ふに差支はあるまい。

俗説に從へば、我が國男色の濫觴は、僧空海に創まるとされてゐる。平安朝の初期、平城帝の大同元年（A.D.806）に空海は唐から歸朝して、其際彼國から齎し來たつた男色の風が、間もなく僧侶間に流行し、續いて貴紳に持て囃され、遂に民間にも擴まつて全國的に瀰漫したと謂ふのである。しかし空海なる人が如何に男色を嗜好したかは、今より之を知る由もないが、又其人が、嘗て本朝に無かつた風俗を異國から將來して弘布したといふ事實は、何れの史書からも得られない。（註一）

とは言へ、かゝる俗説を作成した罪は、後世の人達の感情に歸すべきで、同僧の諸國行脚や奇蹟的靈驗と共に、男色の異風までも同人に附會して了つたと見るべきではなからうか。例へば、世に謂ふ小野小町、大岡越前守忠相等に

写真8　『犯罪科学』1巻3号「本朝男色考」への熊楠の書き入れ
出所：南方熊楠顕彰館（田辺市）

四　民俗学と男色研究

熊楠と岩田は、聞き取りノートを残すなど民俗学的アプローチを試みたこともあるのだが（熊楠は「随聞録」というノートを、岩田は「聞き取り帳」をそれぞれ残している）、柳田によって体系化された民俗学の世界において、その位置づけは「本流」であるとは言えない。熊楠の学問が語られる時には「独自の」という言葉がつきまとうし、岩田にいたっては民俗学研究者として認知されていない感さえある。

自分たちの研究が中央から逸脱した存在となっていることには、本人たちも自覚的であった。むしろ、往復書簡からは、性を取り扱わなかった柳田民俗学に追従しない決意のようなものが見てとれる。特に岩田の場合はそれが顕著で、以下のような柳田批判をたびたび展開している。

この人［引用者注記：柳田］はカードの分類上とかで、諸国の伝説等にも一々御自分で勝手な名称を附して分類整理されるようですが（これは前には高木敏雄氏にも罪あり）、外のことなら構わねど、諸社寺の（男色に因める）縁起物までを神童文学などの仮称の下に一括せられては困る。氏を随喜渇仰する田舎者はずいぶん多く、彼等は決して古文書などに関心しないでしょうが、今後こんな仮称がもし随喜者どもの筆によって喧伝されて、固有名詞にでもなってしまったら、私のこれから研究を完成せんとする物がいくら間違っていない正しい考証であっても、愚かな先入主に惑わされて信ぜられぬことになってしまいはせぬかと思います。（中略）「神童文学」やら「よりまし童」やらの考え方でよろしいものなら、私は決して一生をこんな研究に捧げようとはしません。（一九三三年一月五日付熊楠宛岩田書簡）（長谷川・月川　一九九一）

柳田氏とは別に面識もなく恨みもなく、『島』発刊のころは御好意さえ寄せられてありしほどなれど、近時柳田氏の言い方だと、正しきにも誤りにも拘わらず、鵜呑みに信奉する輩多きゆえ、それでは後世をあやまる基なれば、いささか私の専門内のことだけについて申し上げしまでにて、他意は全然無之候。（一九三五年七月一九日付南方宛岩田書簡）（長谷川・月川　一九九一）

このような柳田民俗学と熊楠、岩田の相性の悪さの原因として、二人が取り組んだのが、柳田民俗学が避けた性の研究であったこともさることながら、研究の手法として過去の書物からの徹底した出典探求を重視したことも大きいだろう。熊楠も岩田も、史料に没頭して、その中から網羅的に情報を掬い上げることに長けていたし、それが彼らの目指す学問であった。熊楠は出典明記に、岩田は一次資料にあたることに、それぞれ強いこだわりがあった。たとえば熊楠は前述のように、『犯罪科学』に掲載された「本朝男色考」にびっしりと書き入れをなしているが、これは感想や自説の開陳ではなく、類話のタイトルと出典の列記である（写真９）。

岩田の場合はさらに、伝聞や刊行物からの引用をよしとせず、写本調査を徹底的に行うことを厳しく自身に課していた。立教大学図書館に所蔵されている旧江戸川乱歩邸蔵の岩田による複数の書写本には、岩田が各機関の文庫や古書店を訪れては男色文献を書き写したことが奥書に記されている。

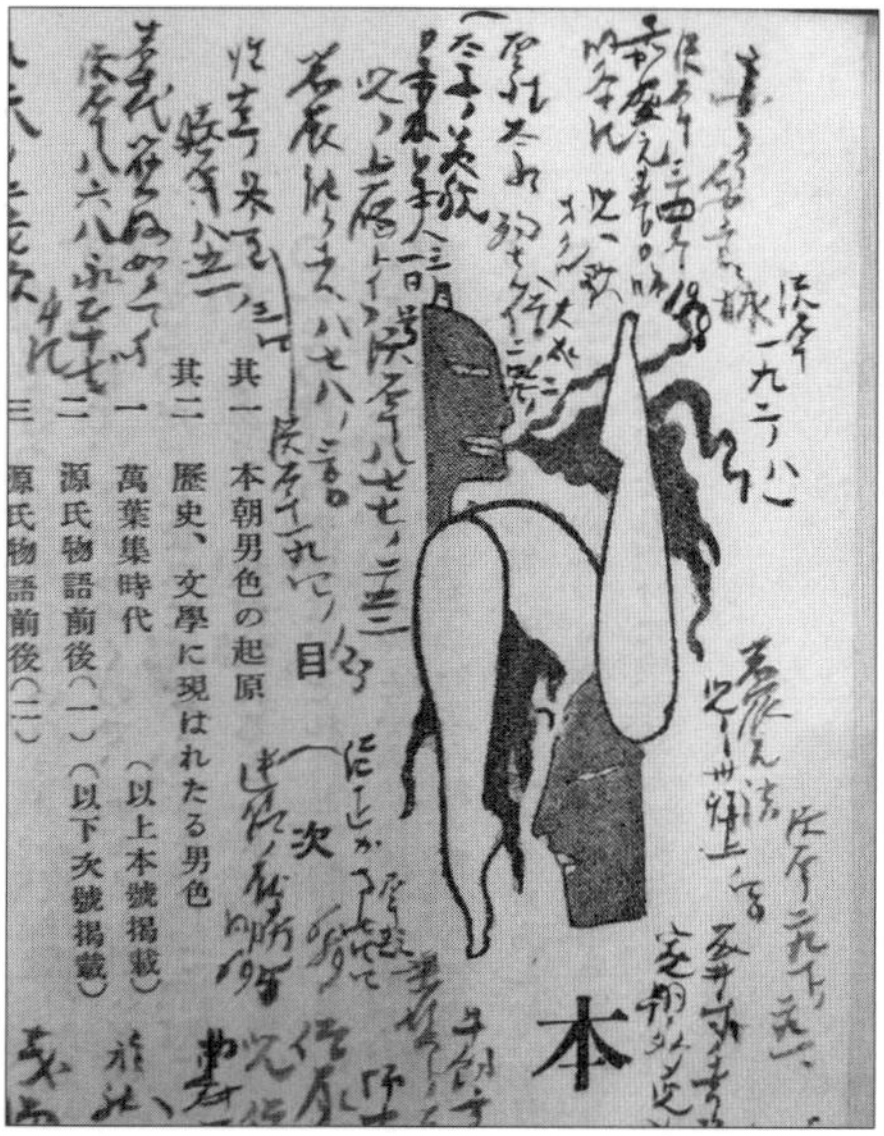

【上部の書き入れ】
妻ヲ娶童ニ嫁　続群一九二ノ八一
嘉慶元春日臨時祭記
児へ歌オクル　続群三四巻188
聖徳太子ニ殉セル僧　大成二ノ二ノ四九
太子ノ美貌　日本及日本人三月一日号
児ヲ上﨟トイフ　続群八七七ノ二五二
若衆能クホム　八七八ノ三〇〇

【右下の書き入れ】
若衆ノ話　続群二九下ノ二九一
児〃〃　卅輯上ノ四〇

写真9　『犯罪科学』1巻3号
「本朝男色考」への熊楠の書き入れ（拡大）
出所：南方熊楠顕彰館（田辺市）

江戸期の考証学にも連なるこれらの研究手法は、一九三〇年代の民俗学が組織化していく時期に柳田およびその弟子たちが山村・海村調査を通じて目指した、文字に残らない「常民」の生活をフィールドワークによって解明する方法とは、異なる方向性を持っていた。

このような二人の男色研究は、民俗学の本流から逸れるどころか、自律的に社会のB面の道を探索した『犯罪科学』誌上においてさえ、他の投稿者から前時代的な発想として手厳しい批評を受けた。岩田は、自身の「本朝男色考」と併載された魚大学なる人物による次の文章を発見して落胆、激怒し、同誌への連載を打ち切ることとなった。

男色の歴史は古く、少しく古文献を渉猟すれば、容易に、その古い事実をうんざりするほど発見出来る。が、そんな黴の生えた古臭い男色考なぞ、恐らく三一年度のアラモード人種にとつては、およそ興味以外の閑問題であらうと思ふから、僕は今、もつと報道価値《ニュースバリュー》のある新鮮な男色事実を若干、剔抉暴露して聊か読者諸氏の猟奇趣味を堪能せしめることにしたい。（魚大学「女形行状記」『犯罪科学』二巻九号、一九三一年八月）

また、熊楠と岩田の男色研究を繋いだのが、これまた柳田とも折口とも馴染まず、中山民俗学とも呼ばれる独自の道を追究した中山太郎であったことも興味深い。熊楠と中山はもとより、岩田も、中山とは熊楠以前から書簡を交わすなど懇意であった。創生期民俗学の周縁に位置する三人（それだけでなく、『犯罪科学』の田中直樹も含まれよう）が構築したネットワークは、もう一つの民俗学史として検証されるべきであろう。

五　「男色談議」のその後

岩田から初めて書簡を受け取った一九三一年八月二〇日から、熊楠は二日がかりで長文の返信を書いた。熊楠日記によれば、その日の夕刻に返信を書き始め、いったん別の原稿に取り組んだ後、翌二一日午前五時から一一時五五分まで一気に書き綴っている。熱中して書いたことで体調不良を起こしたらしく、その後の仮眠の最中に嘔吐したことも記録されている。岩田の研究に対する熊楠の並々ならぬ熱意を感じさせる記録である。岩田もまた、自身のセクシュアリティを吐露する内容の長文の書簡を書き送るなど、熊楠に学問上だけでない信頼を寄せていた。

このようにして熊楠と岩田は、十年もの間、頻繁に書簡を往復させる一方で、遂に一度も面会を果たすことがなかった。丹尾安典（一九九八）は、乾元社版『南方熊楠全集』九巻に所収された、「江戸末期のかげま」と題する九通目の岩田宛熊楠書簡の末尾に、「昭和七年七月翁の自宅にて聴く」という注記があることから、このとき岩田が「翁」すなわち熊楠を訪れて、蔭間《かげま》（江戸期の男娼）の話を聞き書きしたとするが、これは誤りで、ここにいう「翁」は、伊勢外宮度会神社の神官で、民俗学者でもあった松木時彦を指す。

昨夏、宇治山田市住、度会神社松木時彦翁（本年七十六才）かねがね懇意ゆえ、翁の著『神都百物語』

上梓の慶賀に参り候ところ、談たまたま私の研究の男色のことに亙り、翁の明治十九年ごろ東京日比谷、東京神宮教会所に在職中、そこの小使い頭に熊吉といえる五、六十才の色男あり。これ以前は湯島のかげまたりし由。翁親しく熊吉よりききし話に、湯島の蔭間は前向きで前脚を縮めて行なうが普通なりし故、陽根を蔽うため天鵞絨の布を当てていた。（一九三二年一月五日付熊楠宛岩田書簡）

「昨夏」つまり一九三二（昭和七）年に岩田が自宅を訪問して男色の逸話を聞き書きしたのは、松木のことであった。熊楠は、他者の来訪を拒むきらいがあり、岩田に対しても、往復書簡開始当初にあらかじめ釘を刺している。

貴状に岩田氏小生を御訪問の御意の由見えるが、それは御免を蒙る。（中略）小生の学問は年に一度しか観察し得ぬこと多く、来客と空談などしておりては機会を失することおびただし。故に御用事あらば文書で申し越さるるに越したことなく、たとい来訪されても薬品や標本だらけの室へ通すこともならず、ことに菌学のことばかり念じおるから、何を話しかけられても返事を申し上げざること多く、双方きわめて不快なることに御座候。（一九三一年八月八日付中山宛熊楠書簡）

先生を一度訪問したい気はございましたが、お手紙を拝見して、その否なることを弁えましたから、断念いたしました。その代りに今後ともよろしく御閑暇の節にはお教え下さいますよう、お願い申し上げます。（一九三一年八月一六日付熊楠宛岩田書簡）

もっぱら書簡上で交わされた男色談議は、次第に少なくなりはしたものの、熊楠の死の三か月前まで継続された。情報交換がなされた男色文献の数は、ゆうに六百を超える。

ところで、最後の岩田宛書簡（一九四一年九月二六日付）において熊楠は、男色研究の先行きを案じ、若き岩田を気遣っている。

この軍国多事、危急の際に貴下の思し召し置かるるようなこと、いささかも世に洩れ聞こえては、貴下のために不測の禍を招かれんことを惧るるに付き、ちょっと申し添え候なり。

性の問題に切り込むことへのバックラッシュは大きい。熊楠の懸念は、戦時下の時局を反映したものではあるが、現代の学術界でも同様の傾向は依然として消えていない。人間の尊厳の根幹ともなる性の在り方について、いたずらに忌避したり、興味本位でのぞき見したりするのではなく、どのような民俗や歴史、文学が生み出されてきたのか立ち止まって考えるとき、熊楠や岩田の学問の軌跡は大きなヒントとなるだろう。

謝辞

熊楠日記については、南方熊楠顕彰館より画像の提供を受け、本文を確認した。また、『犯罪科学』への熊楠の書き入れについては、東京南方熊楠翻字の会の雲藤等氏、岸本昌也氏より翻字のご教示を賜った。ここに記して深謝する。

参考文献

稲垣足穂　一九六〇「南方熊楠児談義」『作家』一三六　作家社
江戸川乱歩　一九五七『わが夢と真実』東京創元社
佐伯順子　二〇〇一「南方熊楠の男色論——「浄」と「不浄」再考」『熊楠研究』三　南方熊楠顕彰会
田中直樹　一九三一「『娯楽雑誌』の編集・其他——主観的な余りに主観的な」『綜合ヂャーナリズム講座』一一　内外社
田辺市・南方熊楠邸保存顕彰会　二〇〇五『南方熊楠邸資料目録』田辺市
千本英史　二〇〇五「等身大の熊楠へ」『國文學——解釈と教材の研究』五〇（八）學燈社
辻晶子　二〇一二「南方熊楠の性——岩田準一往復書簡を中心に」『説話文学研究』四七　説話文学会
鳥羽郷土史会　二〇一二『宮瀬規矩の生涯——宮瀬家資料より』鳥羽郷土史会
鳥羽みなとまち文学館（発行年不明）『展示資料目録』鳥羽みなとまち文学館
中根隆行　一九九九「純文芸雑誌『文学界』誕生の周辺——文化公論社田中直樹の文化観」『文学研究論集』一六　筑波大学比較・理論文学会
丹尾安典　一九九八「岩田準一摘記」『近代画説』七　明治美術学会
長谷川興蔵・月川和雄編　一九九一『南方熊楠男色談議　岩田準一往復書簡』八坂書房
原田健一　二〇〇一「南方熊楠の同性愛体験——そのセクシュアリティと言説」『熊楠研究』三　南方熊楠顕彰会
原田健一　二〇〇二「タブーと南方熊楠の言説——「月下氷人」と近親婚をめぐって」『熊楠研究』四　南方熊楠顕彰会
南方熊楠著・中沢新一編　一九九一『浄のセクソロジー』河出文庫
渡辺憲司　二〇〇四「江戸川乱歩と男色物の世界」『江戸川乱歩と大衆の二十世紀』（『国文学解釈と鑑賞』別冊）至文堂

Column1　『異態習俗考』――クィア民俗学の古典

金城朝永と『犯罪科学』

大正末期から昭和戦前期にかけて活躍した民俗学者に、金城《きんじょう》朝《ちょう》永《えい》（一九〇二〜五五）がいる。沖縄県那覇市に生まれ、幼少期に伊波《いは》普猷《ふゆう》（「沖縄学の父」と呼ばれた民俗学者、言語学者）の薫陶を受けた金城は、一九歳で上京し、東京外国語学校英語科を卒業した。その後、大橋図書館（明治期最大の出版社である博文館の経営者が創立した私立図書館）の司書、三省堂の辞書編纂者などをしながら、民俗学や言語学の研究や学術雑誌の編集を行なった人物である。同じ沖縄の出身で、一九歳年上の民俗学者、比嘉春潮《しゅんちょう》とともに柳田國男の側近的な存在として活躍したことでも知られている。

写真1　金城朝永（1952年）
出所：那覇市歴史博物館提供

金城は、一九三〇年、二九歳のときに雑誌『犯罪科学』への寄稿を開始している。『犯罪科学』は、岩田準一が「本朝男色考」を連載した「昭和初頭の『エロ・グロ・ナンセンス』ブームのなかに創刊された月刊の大衆的娯楽雑誌」（本書第二章21頁参照）である。

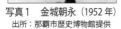

金城がこの雑誌に寄稿した経緯について、妻の金城芳子は次のように述べる。

> 朝永はどういう縁でか、雑誌『犯罪科学』の編集長今井謹吾氏と知り合った。その世話で毎号沖縄の民俗やら世界の珍しい風俗やらを物語風に紹介した原稿を寄せた。これが評判になってかなり長く続き、ちょっとした稿料稼ぎになった。（金城芳子『なはをんな一代記』沖縄タイムス社、一九七七年）

最初の寄稿は、『犯罪科学』一巻六号（一九三〇年一一月）で、排泄の作法について古今東西の事例を集めた「拭ふ習俗」であった。その後、「琉球の島々に於ける性生活」（二巻六号、一九三一年六月）、「糞尿雑記」（二巻七号、同年七月）、「世界変態葬礼史」（二巻八号、同年七月）、「厠に関する習俗」（二巻一〇号、同年九月）、「人類犠牲譚」（二巻一二号、同年一一月）、「殉葬綺譚」（二巻一三号、同年一二月）、「頭蓋

Was hören Sie?

犯罪科學・十一月號・目次

卷頭言

家族に關する犯罪（其一）……

鑑定實話（第四話）……

斷獄短篇集……下

エロ・エロ・エロ・廣告時代……

警察が女を殺した話……ビルデイングを……絞めるもの……

我國上代の娼婦制……中山太郎

古琉球貴族の性生活……伊波普猷

拭ふ習俗……金城朝永

他人の妻を密通した自分の妻と間違へて殿つた……言ふ話

酒のない酒屋、おしるこのないしるこ屋の話

佐川勾當の死（江戸時代の性的犯罪の六）……宮川曼魚

破戒僧（歌舞伎特殊考察の六）……渥美清太郎

警車の中で手を握られた話……果して正當防衛

禁慾と獨身に就いて……大隅爲三

愛する戰友……丸木砂土

貞操證書……島洋之助

Sホテル6號室から突如として人の消えた話

聖人虐殺怪談集……浮田孝一

新劇千夜一夜……秋谷悠

京阪神第七天國譚……蜷川十郎

犯罪時評……淡海浩

エトロフ丸事件の眞相をさぐる……熊谷正男

山窩物語……那珂孝平

マダムはスパイ？……北村兼子

道頓堀の女……三村德藏

種の保存と發展……杉浦清

女性不淨觀……巴陵宣祐

？？……クローズ・アルノ

口繪寫眞解說……總田吞安

口繪 客を待つ街娼婦

寫眞 青教者青年の淫蕩生活

寫眞 鼠保………

寫眞 囊を補える女

寫眞 客の來た瞬間

寫眞 大あぶり

寫眞 春のめざめ

寫眞 一九五〇年型の會議

寫眞 艷人三百三十人

寫眞 青春を歌ふ女

寫眞 陸の人魚

小說 途上の犯人……濱尾四郎

實話 ニューヨーク支那街の殺人……小川好子

實話 カイヨオ夫人事件……大木篤夫

實話 盜賊王マノレスク傳（六）……淺野玄府

實話 妖僧ラスプーチン（五）……L・P・ミルレル 逆井仁作譯

長篇 黃水仙事件……エドガ・ウオレス 吉田甲子太郎譯

編輯後記……

表紙・扉・カツト・抑畫……今村寅士

写真２　『犯罪科学』（１巻６号、1930年11月）の目次

金城朝永がはじめて寄稿した号。金城に並んで、伊波普猷、中山太郎といった民俗学者も原稿を寄せている。

骨崇拝」（三巻一号、一九三二年一月）、「呪詛秘録」（三巻二号、同年二月）、「犬神」（三巻三号、同年三月）、「憑く狐」（三巻四号、同年四月）、「トウビョウ」（三巻六号、同年五月）と続く。

そして、一九三三年に、これらの文章に「琉球の遊女」「琉球の遊里文学」（ともに『ドルメン』一巻五号、一九三二年）など他の雑誌に発表した文章を追加して、『異態習俗考』（六文館）という単行本を刊行している（以上の書誌情報は、礫川全次「解説　民俗学者・金城朝永」『異態習俗考』復刻版、批評社、一九九六年による）。

異態とクィア

『異態習俗考』のタイトルにある「異態」は、クィアの原義である「奇妙な」「風変わりな」に通じる言葉であり、この語によって包括される習俗の数々を扱った同書は、クィアをめぐる民俗学の古典としての意味を持っている。

『異態習俗考』は、一九七〇年代以降、二一世紀に入る前後くらいまでの間に広がっていた日本の民俗学の規範的な枠組みをはるかに超えた知見を我々に与えてくれる。

このことは、今日でも版を重ねて出版されている『日本民俗学概論』（福田アジオ・宮田登編、吉川弘文館、初版一九八三年）や『民俗調査ハンドブック』（上野和男・高桑守史・福田アジオ・宮田登編、吉川弘文館、初版一九七四年）といった書物の内容と比較すると明らかになる。これらは、一九七〇年代に自治体史の編纂がブームとな

Column 1 『異態習俗考』――クィア民俗学の古典

り、そこに民俗学がさかんに動員されるようになった中で形を成してきたものである。そこでは、〈俗なるもの〉なら何でも扱うというような態度はとられず、「社会組織」「生業」「年中行事」「信仰」「儀礼」「口承文芸」「芸能」「民具」というような、自治体史の「民俗編」の目次構成に沿った形の枠組みが提示されていた。そうした分類、目次からは、『異態習俗考』のような内容の多くは、こぼれ落ちてしまう。

二一世紀に入ってからは、民俗学の自己変革の中で、このような硬直した枠組みは批判され、新たな民俗学のあり方がいろいろと示されるようになってきているが、その際に、参照されるべき古典の一つが『異態習俗考』であるといってよいだろう。

そもそも、この書に限らず、民俗学は、クィアに通じるたくさんの魅力的な研究を蓄積してきた。日本の民俗学史上、最初の学術雑誌である『郷土研究』は、そうした知見の宝庫だ。南方熊楠、折口信夫、中山太郎といった民俗学者の著作は、まさに『異態習俗考』に通じる内容であり、また柳田國男の著作にも、右に見た戦後民俗学には収まらない話題が多出している。

それだけではない。「批判されるべき一九七〇年代」に入る直前の一九六九年には、戦後版の『異態習俗考』といってよい内容の本が刊行されている。関敬吾編『秘められた世界』（毎日新聞社）がそれである。ここでは、関敬吾、宮本常一、今野圓輔、直江広治といった当時の代表的な民俗学者七名が、「生活文化の秘密性」「地上・地下の世界」「奇蹟」「不気味な神々」「心理の迷路」「奇怪な習俗」という章立てで、クィアに通じる民俗学研究に正面から取り組んでいたのである。

『日本民俗学概論』や『民俗調査ハンドブック』の枠組みから解放され、クィアを含めたあらゆる〈俗なるもの〉に果敢に取り組む民俗学が登場するようになっている現在、あらためてこれらの古典に学ぶ意義は大きいといえよう。（島村恭則）

写真3　戦後版『異態習俗考』ともいえる『秘められた世界』表紙
（関敬吾編、毎日新聞社、1974年）

第二部　「いま・ここ」からクィアを見通す

第三章　大阪「LGBTの駆け込み寺」の実践

三上真央

一　性善寺と調査者（私）の関係

性善寺の概要

大阪府守口市の住宅に囲まれた中に立地する性善寺《しょうぜんじ》は、「トランスジェンダーの住職がいる性的マイノリティの駆け込み寺」として新聞やテレビなどのメディアで取り上げられている。性善寺は通称名であり、正式名称は大徳山浄峰寺といい、高野山真言宗の単立寺院である。

大徳山浄峰寺は一九八五年に建立された単立寺院であり、もともとは、日蓮宗の尼寺であった。二代目までは、日蓮宗の尼僧が住職として寺院を運営していたが、後継者がおらず空き寺となっていた。現住職である柴谷宗叔《そうしゅく》が二〇一八年一一月中旬より本格的に宗教活動を行っている。柴谷住職はそれより前、ＬＧＢＴの人々が集える寺院を設立したいという思いから、空き寺を探していた。そして、

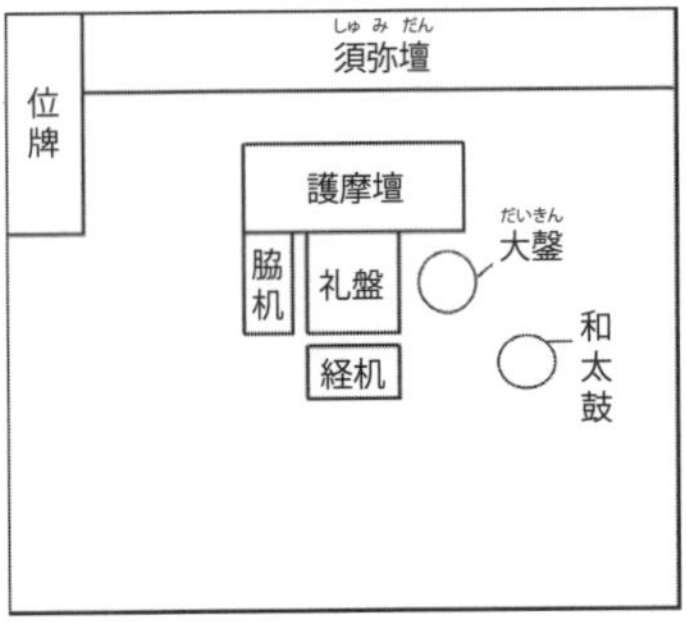

図１　本堂（2020年当時）
出所：筆者作成

写真１　大徳山浄峰寺（性善寺）
出所：写真はすべて筆者撮影　2019年3月21日

空き寺となっていた大徳山浄峰寺の宗教法人を買い取り、建物に日蓮宗から真言宗への改装工事を行い、今に至る。

性善寺は、十数人入れば満杯になる規模の寺院である。その寺院に性的マイノリティを含め多様な人々が集まり、交流し、自身の在り方を見つめている。本章では、その寺院に集う多様な人々の交錯を描く。

セクシュアリティとは

性善寺の建物（写真１）に入り、正面にあるのは護摩壇である（図１）。護摩壇は法要や祈禱の護摩焚きに使用されるものであり、住職は手前にある礼盤《れいばん》に座り、護摩焚きを行う（写真２）。護摩壇には法具、護摩木を燃やす炉がある。四隅には橛《けつ》という柱が立てられ、五色の紐をより合わせて作られた壇線が張られている。

性善寺のコンセプトは「みんなの寺」（写真３）である。このコンセプトは、柴谷住職により設定され、どのような人々も皆、仏になることができるという悉有仏性《しつうぶっしょう》の考え方にもとづいている。このコンセプトを通して、自身のセクシュアリティに悩む人々に対し、そのセクシュアリティの在り方は善であることを教え導く目的が

写真２　性善寺の護摩壇
2020年2月23日

写真３　みんなの寺
2019年5月26日

ある。その教えを乞うために、性的マイノリティが多数集うようになった。

ここで、改めて性的マイノリティはどのような人か、また、調査者である私がどのようなセクシュアリティであるかを明らかにしておきたい。

セクシュアリティとは、「性にかかわる個人の人間の中核的性質の一つ」であり、「個人に属するものであり、社会や制度、医療や家族などから、強要されたり押し付けられたりするものではない」（針間 二〇一六：八頁）という認識に伴って、英語圏では、sexualityという語として広まった。日本では、カタカナ表記のセクシュアリティとして輸入され用いられている。セクシュアリティは「身体的性別、性自認、社会的性役割、性的指向、性嗜好、性的反応、生殖という7つの要素で構成されている」（針間 二〇一六：九〜一〇頁）。これらの要素のいずれか、あるいは複数の要素が少数派であることを表す言葉として、「ＬＧＢＴ」や「セクシュアルマイノリティ」という言葉がある。日本においては、ＬＧＢＴの語が使用されることが一般的に多い。ＬＧＢＴとは、性的マイノリティの中でも、比較的多いとされるレズビアン（Lesbian）、ゲイ（Gay）、バイセクシュアル（Bisexual）、トランスジェンダー（Transgender）の頭文字をまとめた言葉である。ＬＧＢＴ以外にも、多様なセクシュアリティが存在する。

性的マイノリティを対象に調査する場合、調査者のセクシュアリティが問われると私は認識している。調査者が性的マイノリティか、そうでないかによって、フィールドの捉え方は大きく異なると想定されるからである。私は、自分が性的マイノリティであるという認識をもっている。性自認つまり自分で認識している性はＡジェンダー、性的指向つまり恋愛対象などの方向性はＡロマンティック（以下、Ａロマと略す）かつ、Ａセクシュアル（以下、Ａセクと略す）であると認識している。前述したＬＧＢＴの範疇にないが、Ａジェンダーとは、男性、女性という性自認がないことを指す。Ａロマは他人に恋愛感情を抱かない、Ａセクは相手に性的欲求を抱かないことを意味する。私は恋愛や性的欲求という事象を理屈として理解しているが、まったく共感できない感覚であり、若干の嫌悪もある人間である。私のこの〝当事者性〟が、フィールドに入った際にどのように作用するのかも問われてくる部分となる。

本山と性善寺

性善寺と、性善寺の本山である高野山との関係を説明する。性善寺は単立寺院であり、日本にある一三の仏教宗派に属さない。新寺を建立する際、単立寺院は後ろ盾がなく信頼を得ることが難しいため、どこかの宗派の寺院に所属することが多いが、それは所属先の寺院の意向に従うことを意味する。性善寺は既存寺院の宗教法人を継承していることや、日蓮宗時代の信者の位牌を管理していることもあり、単立寺院の形式を維持している。そのため、住職は宗教法人浄峰寺の代表として大阪府には認可されているが、高野山真言宗においては正式な住職として認可されていない。性善寺単体でみれば、住職の立場は、師僧の寺院である無量光院の徒弟という位置づけになる。しかし柴谷住職は、二〇二〇年に、高野山真言宗寺院である大鳥寺の住職に就任しているため、真言宗内においては、大鳥寺が正住職、性善寺が兼務住職という扱いになる。

柴谷住職が性善寺を単立寺院として維持しているのは、日蓮宗時代からの位牌があるということも含まれるが、「悉有仏性」にもとづいた「みんなの寺」というコンセプトを体現する上で、単立寺院という形態が適していると考えたからである。浄峰寺は日蓮宗から真言宗へと改宗しているが、その間を断絶させるのではなく、三代続けて尼僧が寺院を継承してきた連続性を住職は強調する。そのことは、日蓮宗、真言宗といった宗派を越え、宗派に縛られない単立寺院性善寺の在り方を示すものであろう。

柴谷住職の生い立ち

柴谷住職は、自分自身が男性から女性へ性別適合手術を行ったトランスジェンダーであり、高野山で僧籍制度がはじまって以来初めて、僧籍の性別変更を行った。住職がセクシュアリティによって経験した苦悩や、苦悩からの解放といった経験、かつ仏教という伝統宗教に裏付けされた解釈は、性善寺に訪れる人々に対して大きな影響を与える。住職の生い立ちについては次の通りである。

住職は一九五四年、三人兄弟の長男として大阪府で生まれた。幼少期から身体が男性であることに違和感を持っていた住職は「リカちゃん人形が欲しゅうて欲しゅうて仕方なかった」と当時を振り返る。そのような幼少期の住職は、野球やサッカーで遊ぶ男子の中には溶け込めず、女子と一緒に遊びたくても輪に入ることができなかった。そのような住職と、子供に男らしさを求める父親との間に確執が生じることになる。

その後、東京の大学に進学し、親元を離れた住職は、女性の衣服を着て化粧をするようになる。新宿のゲイバーでは、初めて自分と同じ悩みを持つ人々と出会う。セクシュアリティの悩みを抱えた人々にとって、新宿のゲイバーは同じ悩みやゲイだからこその冗談を共有できる場所である。新宿、特に新宿二丁目がゲイ・タウン、ゲイ・コミュニティとして語られるようになった歴史は浅く、ゲイバーが新宿に集まり始めたのは一九六〇年代後半とされている（砂川 二〇一五：一九八頁）。住職が通っていた一九七〇年代の新宿は、土地区画整理事業や駅開発と合わせてゲイバーが二丁目に移転し、集中することで、ゲイ・タウン化が進んでいた時期である。当時のゲイバーは、現在のような異性愛者を主たる客とする観光バーのような形式ではなく、ゲイや性的マイノリティのみを対象としたバーが中心だったと考えられる。また、一九七〇～八〇年代以降、ゲイ雑誌や女装雑誌など、セクシュアリティに関する情報や悩みを共有するメディアが現れ、自らのセクシュアリティを表現・共有できる機会ができたのである。住職も女装時の写真が雑誌に掲載されたことがある。女性として道を歩き、声をかけられた経験に対して、自身を女性として捉えてもらえた喜びを語っている。

大学卒業後は新聞社に勤めるが、セクシュアリティをカミングアウトすると仕事を辞めさせられるのではないかと危惧し、男性として振る舞っていた。

一九九五年の阪神淡路大震災では神戸市にあった自宅が全壊し、瓦礫の中から半分は観光の気分で集めていた四国遍路の御朱印帳を発見する。それに対して住職は、御朱印帳が自分の身代わりになってくれたと感じ、そのまま四国へお礼参りに行った。その時、巡礼者の着る白衣を見た住職は、男女とも同一の装束であることを改めて感じ、心が「とん」と軽くなった。今まで巡礼をしていた際には感じなかった「自身のセクシュアリティが認められた」という経験により、住職にとっての遍路の意味づけが、ただの観光気分から「どのような性別も受け入れてくれる」ものへと、より住職の生き方に沿ったものへ変化した。この瞬間が、自身を女性であると受容できた瞬間であり、遍路の経験は自身のセクシュアリティが差別されない安心感をもたらした。男女の区別のない白衣を着ることで、女性として声をかけられたこともある。

その後も仕事の休日に巡礼を続け、一九九九年には、四国八十八ヶ所霊場会公認先達となり、遍路を通して出会った仲間を連れて回るようになった。その後、遍路仲間の一人から和歌山県の高野山大学大学院の社会人コースに誘われ、四国遍路の研究を行ったが、大学院の授業の中には、僧侶でないと受講できない授業があった。仏教を学ぶ楽しさを感じていた住職は、僧侶を目指すが、僧侶になるためには百日間の四度加行《しどけぎょう》を行う必要がある。四度加行とは、「十八道念誦次第・金剛界念誦次第・胎蔵界念誦次第・不動護摩次第の四段階にわたる行」であり、「密教の修法の基礎」（横道二〇〇五：一四頁）である。一定の期間中、朝四時から五時半まで、九時から一一時半まで、一五時半から一七時までの一日計三回、行を行う。それを実施するためには、働いている新聞社を長期休職する必要があった。仕事を退職するしかないと考え、住職は会社を早期退職し、修行を行い、僧侶になることを目指した。

そして得度を受け、二〇〇五年に僧侶になった。会社を退職した住職は、ただの学生となり、大学院の職員に自身のセクシュアリティをカミングアウト（自身のセクシュアリティを明らかにすること）し、女性として学生生活を送った。遍路を通して内面で受容していた自身のセクシュアリティを、今度は外に向けて服装や仕草を通して表現していくことに繋がるのである。セクシュアリティを明らかにすることで「仕事を辞めさせられ、差別を受けるのではないか」と恐れていた住職であったが、仕事の退職と大学院にセクシュアリティを受容してもらえたという経過から、他の人間にもセクシュアリティを開示していく内面の転換がはかられた。

二〇一〇年には、性別適合手術を行い、戸籍を変更した。僧籍の性別変更に関しては、本山である高野山がもともと女人禁制だったため、前代未聞であった。また、僧侶には男性が多いなか、あえて女性に変更する意味を問われることもあった。尼僧は日常生活との折り合いや剃髪・無化粧等で苦労や葛藤を経験する場面が多い（丹羽 二〇一九）。しかし住職は、心の性別である女性としての生き方を歩みたいと考え、尼僧となる選択をしたと考えられる。僧籍の性別は、トランスジェンダーに理解のあった宗務総長（宗教法人の事務の責任者）に相談し、事務手続きのみで変更することができた。その後高野山では、柴谷住職以外にも僧籍の性別変更が行われている。

僧侶になってからは、大学の非常勤講師を務めながら本山で説法を行っていた。二〇〇六年に、「ヘンロ小屋」と呼ばれる巡礼者の休憩所を設置する機会があった。ヘンロ小屋とは、立ち寄った巡礼者同志で遍路に関する経験や知識を共有する場である。その経験を通じて、性的マイノリティにとってのヘンロ小屋のような場――すなわちセクシュアリティに関する悩みや経験を共有できる場として寺院を設置したいと思うようになり、性善寺建立の動機となった。仏教を学ぶ学生が多い大学で講師を務めていた柴谷であったが、不特定多数の人々に、仏教の解釈だけでなく自身のセクシュアリティに関する経験を伝える目的をかなえられるのが、寺院の設置であった。自身のセクシュアリティに対する受容や差別、他者からの認知について自分なりに言語化して相手に共有する体験を通じて、自身の感情と折り合いをつけることができるようになった。

二　性善寺に集う人々

性善講と縁日

性善寺には、仏教・巡礼を契機に集う人々と、セクシュアリティを契機に集う人々がいる。前者の中には、来寺するだけではなく、公認先達である柴谷住職と共に巡礼・遍路を行う人々がいる。性善寺では、巡礼・遍路を共に行う集団を「性善講」と呼んでいる。いわば、寺院のファンクラブである。後者のセクシュアリティを契機に集う人々は、個別に住職に相談という形で来寺する以外に、毎月行われる縁日に参加して他の性的マイノリティや、仏教・巡礼のために来寺する人々と交流する。

住職は、従来の寺院と檀家という関係性を「堅苦しい」とみなし、性善講を結成している。性善講では、団体参拝としての四国遍路や西国巡礼を月一回の「区切り打ち」（一番札所から一回で回る「順打ち」ではなく、何回かに区切って回ること。遍路を行うことを「打つ」という）で回る。そのため、性善講の参加者の多くは、遍路に興味のある人や性善寺の在り方に賛同している。毎回参加する人もいれば、巡礼で回っていない寺院にのみ参加する人など様々である。性善講の巡礼ルートは最初と最後の寺院以外は毎年変えており、別格の寺院も含めるため、通常の観光ツアーでは回ることができないようなところまで行くことができる。一年間で結願《けちがん》（全ての札所を巡り終えること）できるように日程を組んでおり、場合によっては宿泊も行う。

四国遍路や西国巡礼に集団で巡拝する事例として、成人儀礼として行われた若者遍路や娘遍路（頼富・白木 二〇〇一：一九二～三頁）、四国島外では、京都市の観音講に所属する若者による西国巡礼（真野 一九九一：四五～六頁）や四国八十八ヶ所に巡拝するために結成された大師講（桜井 一九六二：二四六頁）が挙げられる。どの事例も地縁や血縁に由来するものである。性善講による巡拝は、「宗教上もしくは経済上その他の目的を達成するために、志を同じくする人々の間で組織され」ている（桜井 一九八五：一九一頁）点では、それらとも共通しているものの、地縁や血縁に由来しない、「遍路や巡礼に興味がある」という共通点を持つ人々が参加することが特徴的である。性善寺のフェイスブックの投稿を見て、大阪府以外の都市から性善講に参加している人もいた。

岡田（二〇〇八）は、講を「志、つまり目的があって結衆したネットワーク」であるとみなし、地縁、血縁に関係なくても、志を同じくする場合には、「結縁」として講を形成し、目的が達成された後は無縁化し、別の目的を持つ講集団を結成する「「ゆるやかな連携」を模索する新しいコミュニティデザインのツール」（三三八頁）として取り上げている。性善講が、寺院のファンクラブという、従来の講にはない役割が与えられ、地縁、血縁関係なく誰もが参加できる形態になっていることは、「みんなの寺」というコンセプトのもと成立している性善寺の在り方が前提にあるからだと考えられる。

性善寺の縁日は、毎月最終日曜日である。午前一〇時から護摩祈禱を行い、法話終了後に住職や弟子、参加者が作った昼食を食べる。その後は懇親会となる。護摩祈禱は願い事の内容により、物欲に関わ

写真５　護摩札
2020年10月25日

写真４　護摩木
2019年7月21日

る不動法か、除災に関わる釈迦法で行われる。開経偈《かいきょうげ》、懺悔文《ざんげもん》、三帰・三竟、十善戒を唱え、いくつかの真言と般若心経を繰り返す。住職はその間、護摩木を燃やす（写真4）。護摩木に願い事を書いた人は護摩札（写真5）をもらう。

　護摩祈禱後の法話では、仏教の教義にもとづいたセクシュアリティの解釈や、寺院の役割、住職の過去の経験について話す。住職は、護摩壇の横に立ち、座っている儀礼参加者に向けて話す。懇親会では、昼食を食べ、須弥壇に供えられた酒や菓子を車座になって飲み食いしながら、交流する。懇親会の終了時間は特に決まっておらず、引き続き、夕飯を共に食べることもある。

　来寺者の中には、午前中の護摩祈禱には参加せず、午後の懇親会から参加する人や、他宗派の宗教者もいる。住職は基本的に懇親会に参加するが、別の用事で不在となる場合は弟子や来寺者のみで行う。巡礼経験者、性的マイノリティ、宗教者等、様々な人が集まり、自身のセクシュアリティに関わる経験や巡礼経験など話題が尽きることなく進んでいく。次の節では、性善寺にどのような人々が集うのか見ていこう。

仏教・巡礼を契機に集う人々

仏教・巡礼を契機に集うのは、どのような人々なのだろうか。そのことを知るためには、性善講にどのような人が参加しているのか、特に個人の巡礼経験もある人や先達になっている人がなぜ参加するのか明らかにする必要がある。性善講の移動では基本的に、車や公共交通機関を利用する。車を利用して遍路を行うことを車遍路という。坂田（一九九九：四一頁）の調査によると、車遍路は徒歩で行う歩き遍路に比べ、接待経験や札所に到着するといった「道中修行に関わる充実感」より、霊場での参拝や、納経といった「霊場修行における充実感」が際立っている。車を使って限られた日数で効率よく霊場を回ることは、巡礼における充実感に繋がると考えられよう。

柴谷住職は、先達として性善講に参加している。先達には、「先達研修会や先達大会で霊場会が規定した行為や宗教的意味付けを学び、四国遍路で同行する巡礼者たちにそれを伝えていく媒介者」（栗田二〇〇七：四〇頁）としての役割がある。実際に性善講においても、巡礼におけるマナーがわからず戸惑う巡礼初心者に対して、巡礼路や弘法大師に関する伝承や歴史、巡礼装具や数珠の使い方、巡拝の仕方や般若心経の読み方を教える場面があった。知識や作法を知ることで、巡礼に対しての理解を深め、より充実した巡礼を行うことができる。

とはいえ、前述した内容は、あくまで巡礼初心者における充実感である。巡礼経験者や先達として既に活動している人は、何を理由に性善講に参加しているのだろうか。参加者の中には、先達の位階を持ち、白衣や笈摺《おいずる》を身に付け、金剛杖を持ち歩いている人や、般若心経を諳で読め、仏教の教義も説明できるくらい巡礼や仏教に対して造詣が深い人がいる。彼らは結願も個人で行える人たちである。

そんな彼らが性善講に求めているのは、彼ら自身の巡礼に関する知識やノウハウのアップデートであると想定される。

住職には、仏教や本山の教えを布教する僧侶としての役割もある。また、巡礼研究で博士号を取得しており、巡礼や仏教に関する研究での著作もある。つまり性善講で披露される知識は、住職の経験に基づくものだけではなく、彼女の研究による分析や知見に基づいているものでもある。参加者は、巡礼のルートに対するノウハウだけでなく、研究や教養に基づく知見を得られるだけでも、巡礼に対する充実感に繋がると考えられる。

また、住職は「巡礼遍路研究会」や「四国ヘンロ小屋プロジェクトを支援する会」の要職についており、顔が広い。そのため、個人や観光ツアーによる巡礼では出会うことができない寺院の住職や、接待を行う人から貴重な話を聞く機会もある。性善講に参加する人は、巡礼初心者もいるものの、仏教・巡礼に精通した人も多く参加しているところが特徴的である。彼らのような、仏教・巡礼を契機に集う人々は、自身の知識や経験のアップデートを行う、つまり自身の成長に繋げていこうと考えている人々である。

セクシュアリティを契機に集う人々

セクシュアリティを契機に性善講に集う人々は、自身のセクシュアリティを受容している人もいれば、何らかの苦悩を抱えている人々もいる。

佐々木（二〇一六：九頁）によると、自身の性を何らかのカテゴリに当てはめることには、「人を個人として捉える複雑な理解」による「認知的負荷が低減され」、「「スムーズな判断」や「理解し得た」という快感を得」ることができる効果があるとされる。曖昧な性の在り方に対してカテゴリ化したセクシュアリティを当てはめることで、同様のセクシュアリティを持っている人との関わりが形成され、さらなる安堵感を得られることもある。しかし、カテゴリ化されたセクシュアリティは、あくまで似たような性質を抽出して大雑把に区分しているだけに過ぎず、同じカテゴリに属する者同士であっても、その程度は異なる。例えば、前述したAセクであったとしても、全く性的欲求を抱かない人もいれば、抱く頻度が少ない人、他者との性行為は望まないが一人で処理をする人など様々である。カテゴリに当てはめることは、安堵感を与えるものの、「拘泥すると、「ぴったりとカテゴリに当てはめる」ことが最優先課題となり、無理にでもカテゴリ内に落とし込もうとしてしまう」（佐々木 二〇一六：一〇頁）。すると、今度はカテゴリに当てはまらない自分に対し、苦悩を抱くことになるのである。

また、セクシュアリティの苦悩には段階があり、セクシュアリティを受容する前では、気づきにおける困難、模索時の困難、受容後では、受容後の困難があるとされている（宮腰 二〇一三：六八～六九頁）（図2）。いったん自分自身のセクシュアリティを受容できたとしても、本来はグラデーションであるセクシュアリティに定められたカテゴリの定義から外れた場合は、また模索することになり、揺れ動くセクシュアリティに悩むこともある。

宮田（二〇一七）は、トランスジェンダーの人々を対象に、社会との相互作用を通した自己形成過程について、性別越境を伴う生活史の方向で調査を行った。出生時に指定されたジェンダーに対する違和感や社会から期待される固定的な性別役割への抑圧的感覚を自覚し、自身のセクシュアリティに対

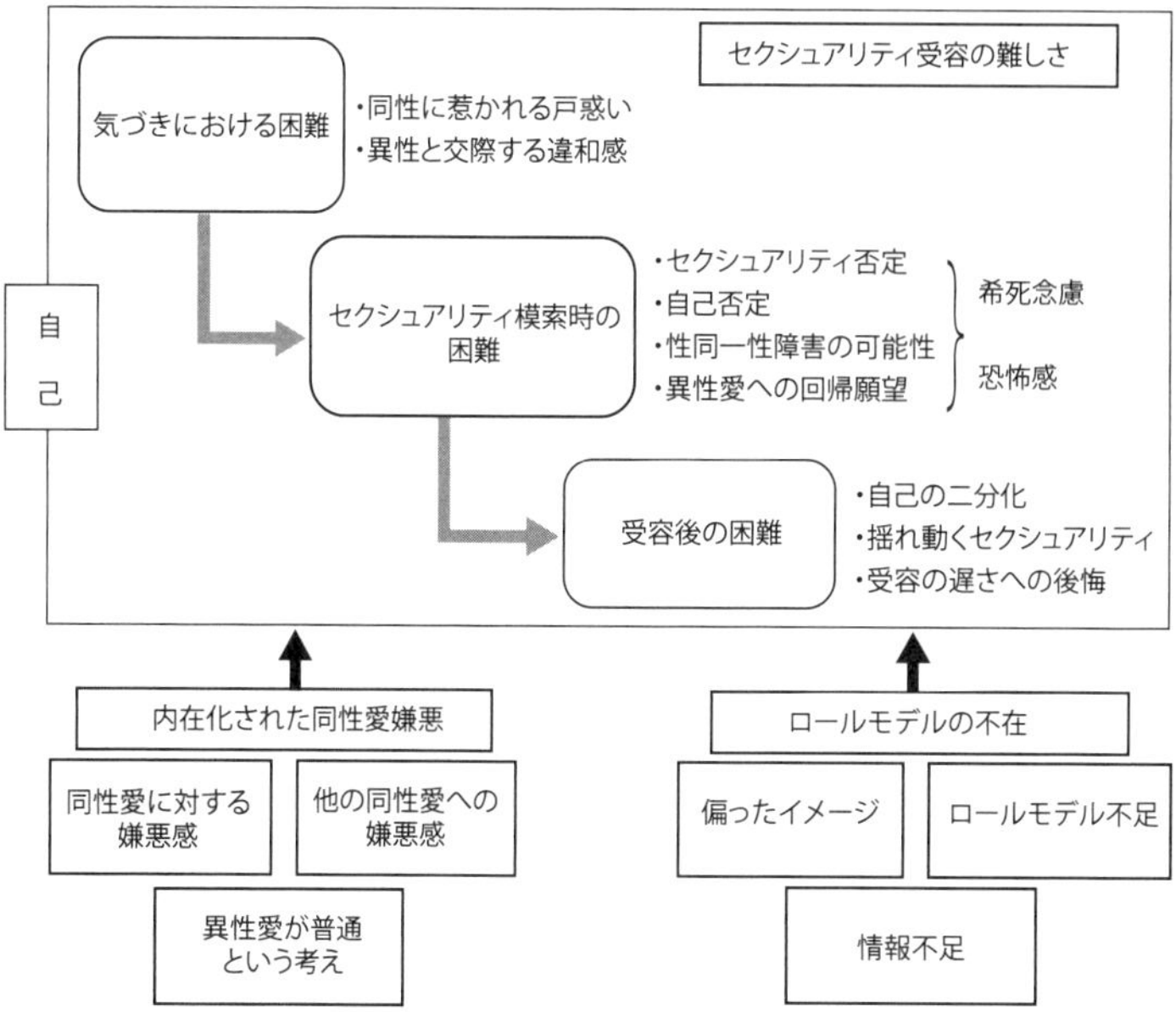

図2　セクシュアリティ受容の困難――自己
出所：宮腰（2013）、68～9頁より転載

する意識の変化や、それから解放されるまでの様子を描いている。宮田は、セクシュアリティに対する意識を解放（＝受容）するためには、「自己のあり方を肯定してくれる」（宮田二〇一七：三〇八頁）「重要な他者」との関わりが重要であると主張している。プラマー（一九九八）は、自身のセクシュアリティの受容や、他者に明かすカミングアウトに関する話を構築するときに、「重要な他者」が「頼りとしたストーリーをもつ、もっとも影響力のある鍵となる」（プラマー 一九九八：八一頁）存在であるとしている。

セクシュアリティには、カテゴリ化における苦悩、受容の段階で発生する苦悩がある。そして、その苦悩の受容には、「重要な他者」の存在が必要となることが以上で確認できただろう。

三　セクシュアリティをみつめる場

ここで性善寺の話に戻ろう。セクシュアリティを契機に集う人々が多く参加するのは縁日や、縁日の後に行われる懇親会である。懇親会には性的マイノリティに限らず、仏教・巡礼を契機に集う人、他宗派の宗教者も集う。そのため、自身のセクシュアリティや巡礼経験など、共有される話題は多岐にわたる。来寺する人々の年齢層は高校生から高齢者までと幅広いため、同じ話題でも世代間の認識が異なることもある。性的マイノリティへの偏見や差別が激しくカミングアウトが難しかった時代を過ごした中年層以上と、世間で性的マイノリティに対する関心が高まりセクシュアリティをオープンにして過ごす若者世代とでは、ひとくちに性的マイノリティといっても悩みや経験は大きく異なる。

また、懇親会ごとに参加者が異なるため、参加者の属するセクシュアリティのカテゴリが偏る場合もある。私が懇親会に参加して驚いたのは、参加者の誰もが、初対面の人々に対して、セクシュアリティを開示していたことである。一般的に、自己のセクシュアリティを明かすことも含めて、「性的な関係性は日常生活においても、「最も語りにくいこと」の部類に入る」（有末 二〇一三：二〇〇頁）といえるだろう。自身のセクシュアリティを自覚し、自己否定している人であれば、なおさら語りにくくなる。「ＬＧＢＴの駆け込み寺」と称されている性善寺とはいえ、来寺する人が、全員が性的マイノリティのような少数派に対して理解・支援を表明するとは限らない。このような支援者・賛同者を、アライ（Ally）と呼ぶ。

以下では、私に語られた事例を見てみよう。Aさんは、幼少期の頃から母親に、「女らしくしなさい」と言われ続け、鍼治療にも連れて行かれたことがあった。自身のセクシュアリティは、男性でも女性でもないXジェンダー（無性）だと思っていたが、それを周囲に認められることはなかった。性善寺の存在を知ったAさんは、住職に悩みを相談し、自己の在り方を受け入れてもらえたときに、「きつかったパンツのゴムがゆるんだ感じ」になった。

僧侶Bさんは、ゲイであることを生まれ育った寺では隠して生活している。クローゼット（自身のセクシュアリティを開示していない状態のこと）で生活している理由は、セクシュアリティを明かすことで、檀家からの信頼を落としかねないという懸念があるからである。性的マイノリティの宗教者にとって性善寺は、人目を気にせず、自己をさらけ出せる唯一の場として機能しており、そこでは他者と交流を行うことで、一時的にでも自身のセクシュアリティを肯定することが可能となっている。

どちらの事例も、懇親会で初対面の私がアライであるという確証がないなか、語ってくれた話である。実際、セクシュアリティを理由に性善寺を訪れた人は、初めて来寺した人であっても、多くの人がいるなかで、自身のセクシュアリティを打ち明け、苦悩を語っていた。

カウンセリングの分野では、サポート・グループに参加しセクシュアリティについて語ることで肯定に至ることを促そうとする場合が多い。サポート・グループでは、「マジョリティの中で積み重ねてきた孤独感の緩和」（宮腰・坂本 二〇一八：二五頁）のため、一対一の対話ではなく、集団での自己の経験の語り合いが行われる。そのため、参加者全員が、セクシュアリティに対して、何らかの苦悩を抱えている人の場合が多い。そのため、サポート・グループでは、「他者との異同から自身を比較検討し、参加者からの共感的理解を得て孤独感を和ら」げるだけではなく、個人で「集団での体験を振り返り、より内面でのアイデンティティ構築作業に取り組む」（宮腰・坂本 二〇一八：二五頁）ような相互循環が行われる。性善寺の事例の場合、サポート・グループのように、セクシュアリティに対して何らかの苦悩がある人々だけではなく、多様なセクシュアリティの人々が集うため、参加者からの共感的理解や他者との比較は難しい可能性がある。

それなのになぜ、性善寺では自身のセクシュアリティを開示し、多様なセクシュアリティの人々と交流できるのだろうか。

縁日での法要を終えた後、住職が必ず行うのは法話である。仏教の教義に基づく性的マイノリティに対する解釈や、寺院の役割、住職自身の経験について話す。この法話では悉有仏性に基づき、性善寺がどのような場所で、どのような考えを持っているのか明らかにし、「ＬＧＢＴの駆け込み寺」としての位置づけを明確にして参加者に安全を保障する。

また、寺院という空間が、安全をより担保する要素となっている。現代の寺院や仏教は「堂々たる儀礼執行の祠堂のなかで民間と隔絶する特別な宗教空間をつくりあげるうちに、いよいよ脱俗化し高踏化して、民衆救済の本道を忘逸」している（桜井 一九九三：九頁）という批判を受けている一方で、性的マイノリティは、仏像や護摩壇がある寺院を「異次元空間」（住職談）と感じている。彼らにとって寺院は、「普通」が求められる社会の常識からかけ離れた、自身を安全にさらけ出せる空間として機能していると考えられる。丹羽（二〇一九）は、僧侶だからこそできることとして、「「非日常」で、「特別な場所」であ」る寺院に「お坊さんという存在がそこにいて、日常生活から離れた「神秘的な空間」という避難所を（中略）提供すること」（丹羽 二〇一九：一八四頁）を提唱している。法話における性善寺の立ち位置の明確化、異次元空間である寺院の二つの要素で、セクシュアリティを開示する安全性は担保されている。

法話に続いて開かれる懇親会に、何度も参加する性的マイノリティがいる。彼らは常連ともいえる人々であり、自身のセクシュアリティやホルモン治療、性別適合手術といった話題で自由に語り合っている。初めて参加する人々は、彼らの様子に驚き、戸惑う様子を見せる。そのような人々に会話を促すのが、住職や弟子たちである。しかし、サポート・グループのように、セクシュアリティに対する知識を身に付け、アライとして配慮ができる人がいることが前提ではないため、時に緊張が生じることがある。

夕食として鍋が出された際に、冗談の一環で「おなべ」の話になった。「おなべ」は女性同性愛者を示す言葉であるが、侮蔑の意図を含んでいる。話し手にとっては軽い冗談であったとしても、女性同性愛者にとっては不快になり得る言葉である。Cさんは、性別適合手術を行っていないものの、男性として生きることを望んで生活している。メディアを通して性善寺について知り、この懇親会に初めて参加していた。Cさんは、「おなべ」という言葉に不快感を示した。差別されることや否定されることを避けるため、セクシュアリティを隠してきた人々にとって、不快感を正直に表すことは自己のセクシュアリティを明かすことに繋がりかねない。Cさんは最初は不快感を示すだけで特に何か言葉を発することはなかったが、弟子の一人がCさんの様子を察知し、何に不快だと感じたのか質問した。

懇親会では、自分の不快感を隠すことなく、何が不快でどのように対応してほしいのか明確に言葉にする人が多い。受け手側もそれに対し真っ向から否定することはなく、むしろ「性的な関係性について、まじめに聞いてくれる」（有末 二〇一三：二〇〇頁）ように接する。住職や弟子たちは、初めて寺を訪れ、戸惑っている性的マイノリティの意見や感情の言語化を促す役割を果たしている。懇親会では、この緊張状態もコミュニケーションの一環として行われ、初めて参加した性的マイノリティも、時間を経るごとに自己のセクシュアリティや苦悩を、よりオープンに語ることができるようになっている。Cさんも男性の身体能力についていけないという悩みがあり、職場での辛さについて、言葉を探しながら語っている。

つまり住職や弟子たちによる、意見や感情の言語化の促進が前提となり、多様な人々の交流が行われていることがうかがえる。サポート・グループでは、似通った苦悩を持ち得る人々の交流から、自身と他者の異同を発見し、自身を言語化していく。一方、性善寺では、多様な人々と接することで自分の中に生じる違和感をもとに、住職や弟子たちのサポートを得ながらその違和感を言語化していく。自身のセクシュアリティの言語化の仕方が異なるのである。つまり、セクシュアリティを契機に集う人々というのは、多様な人々との会話をきっかけに自分の内に生じる違和感を手がかりに、自身を言語化していくことに賛同した人々や、または確固たる自身のセクシュアリティを持って他者と交流を図る常連のような人々である。セクシュアリティを受容する上で求められる「重要な他者」は、言語化を促す住職や弟子であったり、他者との違和感や意見を積極的に発言する常連であったりするのである。

多様な人々の交錯性から見る性善寺

前項では、性的マイノリティに、自身のセクシュアリティを明かす安心感をもたらす一つの要素として、法話を取り上げた。法話では、性善寺の在り方とも関わる性的マイノリティを、仏教ではどのように解釈するかがよく取り上げられる。ここでは、住職と多様な人々との交錯の過程に垣間見える現代の僧侶の役割について考えてみたい。

そもそも仏教は、釈迦が出家を決意した四門出遊《しもんしゅつゆう》の説話のように、生老病死に関わる「苦」からの解放が始まりであり、目的であった（苦については、中村〔一九八〇〕の duḥkha の訳語「思いどおりにならぬこと。身心を悩まされて不安な状態」〔中村　一九八〇：七～八頁〕をもとに進めていく）。苦からの解放を目的とする手法や知識が一五〇〇年にわたって蓄積されている。

性善寺の役割として、性的マイノリティも含む皆を苦しみから解放するため、自己の存在を肯定できるように、あるいはセクシュアリティを言語化できるように「重要な他者」としてサポートすることが挙げられる。住職は僧侶として、仏教の教えを広める布教者としての役割があるため、仏教の教義では想定外の性的マイノリティという存在をどのように解釈し、何を伝えていくかが重要となる。

法話において、よく取り上げられたのは、「変成男子」である。法華経における「変成男子」とは、女性が男性になり、成仏することである。女性という文脈から見ると、女性では成仏できないと解釈され、女性差別であるという批判もあるものの、住職は、女性から男性に変わっても成仏できる、つまり性転換を認めていると解釈した。

また、同性パートナーによる仏前結婚式における法話では、同性婚に対する解釈として、最も重要な十善戒の三番目に当たる不邪淫《ふじゃいん》を取り上げることがある。言葉通りでは、邪《よこしま》な性行為は行わないという意味であり、性別問わずお互い合意の結婚であれば邪淫には当たらないと説明している。そもそも同性愛自体が想定外であり、戒律には記されていない。住職は不邪淫の解釈に続けて喫煙と飲酒の事例を持ち出した。喫煙が戒律で禁じられていないのは、戒律が定められた時代にインドに煙草がなかったからであり、飲酒に対する戒律はあるものの、弘法大師が薬と称して薬缶《やかん》で酒を飲むことを弟子に許した、という話がある。二つの事例を同列に持ち出すことにより、同性愛も前例がない特別な事例として扱うのではなく、時代による解釈の転換という共通性をもって説明することで、仏教で解釈し得る事例として示すことができた。笠原（一九六八：一一頁）の示したように、教義は「常に正しい姿でうけつがれ、説かれるわけではな」く、「時代と共に形を変えながら人びとに説かれる」のである。住職の仏教に対する知識と自身の経験、そして「普通になることがいかに尊いか」という思いに裏付けられた、セクシュアリティに対する仏教の解釈を実現させた場が性善寺であるといえる。

仏教の教義における解釈が変わり得るのであれば、僧侶の解釈の伝え方、関わり方というのも、変化することが想定される。現代のライフスタイルや生き方は多様であり、そのなかで個人は多様で複雑な苦悩も抱え得る。僧侶は教義にもとづきながら様々な方法で対応している。

例えば、一般社団法人仏教情報センターが主催する「仏教テレフォン相談」では、曜日ごとに宗派を変え、墓や葬儀、人との関わり方など仏事・信仰・人生に関わる悩みや疑問に答えている。また、一般の人々の質問に対し、宗派問わず僧侶が問答（Q&A）形式で回答するhasunohaというインターネットサービスもある（https://hasunoha.jp/）。基本的にどちらの事例も、僧侶が苦悩を抱える人々に対して答えるという一方向的な関係であり、相談者は苦悩を言語化できていることが前提となる。

僧侶と一般の人々が双方向に相談、議論を行う事例として、京都府の「ＢＯＮＺＥくらぶ」が主催する「つきいちボンサンと語ろう会」や、大阪府や京都府の若い僧侶が中心となりフリーペーパーを発行する「フリースタイルな僧侶たち」が主催する「アラサー僧侶とゆるーく話す会」が挙げられる。法話の後、座談会形式で気軽に対話するイベントである。僧侶側のスタッフとして「アラサー僧侶とゆるーく話す会」の参与観察を行った飯野（二〇一七）は、僧侶の役割として「語る主体を演じることではなく、「苦悩を受容する場」を整えること」（飯野 二〇一七：四一〇頁）を提示し、僧侶が語る主体として中心に立つのではなく、参加者と「共に育みあう状態」つまり、「僧侶と非僧侶が双方的に学び合う」（飯野前掲：四一二頁）関わりを形成する必要があると主張している。茨木（二〇一九）は、僧侶との接点を示すデータやアンケート調査から、僧侶と檀信徒、特に若い世代の檀信徒との距離があることを示し、コミュニケーションの必要性を指摘している。

性善寺では、法話の場においては住職が語る主体として中心に立つものの、座談会においては参加者は車座になって対話を行う。来寺者の間では巡礼の情報交換だけでなく、仏教に対する議論も行われる。例えば、仏には基本的に性別がなく、特に観音菩薩は男性や女性など様々な姿で描かれているが、住職は、観音菩薩のことを「元祖ニューハーフ」と呼んでいる。これは、住職自らが感じた内容であり、法話でも、住職が抱く仏に対する印象を語ることがある。また、縁日にほぼ毎回参加しているＤさんは、「観音菩薩には、「おやじみたいな顔」をしているものもあるが、火（の中）でも水（の中）でも救いに来てくれるスーパーマンみたいな存在である」という印象を語っている。他の参加者も、観音菩薩について思い思いに印象を語っており、住職も新たな知識を追加で伝え、議論の内容を深めている。法話では、教義の解釈だけでなく、住職自身が感じている個人の印象を織り交ぜることで、仏教に対する親しみを感じやすくしている。

また懇親会では、住職の話を踏まえながら来寺者が思い思いに印象や解釈を話し、議論を深めるという双方向のやりとりが生じる。このやりとりが、仏教に対する参加者の関心を高めている。仏教の教義を広める教化に対し片野(二〇〇〇)は、教化は「無謀で独り善がり」(片野二〇〇〇:一六三頁)なものとして横行しており、このような一方向的な関わりは意味がないと評している。僧侶が「自らのものとして実感し、実際に修し、自らのものとした内容を表現して伝え」(片野二〇〇〇:一六五頁)、「主体(住職・主管者・教師)と対象(檀信徒)が共に何かを分かち合」(片野二〇〇〇:一六八頁)える方法が必要であると主張している。現代の僧侶は、教義にそのまま則ったものではない、僧侶の経験に基づく実感や解釈を双方向的にイベントや法要の参加者に伝え、仏教に親しみやすさをもってもらう、あるいは苦悩を受容する体制を整えていくことが求められている。

性善寺では、性善寺の在り方を知ってもらうことに関しては法話のような一方向的な形式で実施しつつも、住職の経験や知識に基づく解釈や印象を内容に折り込む。懇親会では、「重要な他者」として苦悩を受容し、参加者の言語化を促しつつ、双方向的に議論を行うことで仏教への親しみを感じさせている。現代社会で求められる僧侶の役割を、寺院という特定の空間において果たすのが性善寺における実践なのである。これは、イベント会場やカフェに僧侶が赴く他の事例とは一線を画しているといえる。今後も、多様な来寺者との関わりのなかで、住職の実践は変化していくだろう。この変化を明らかにしていくことで、性的マイノリティの有する苦悩への関わり方、そして現代における仏教と信者との関わり方について、問い直していきたい。

参考文献

有末賢　二〇一三「ジェンダー・セクシュアリティとオーラル・ヒストリー」、山田富秋・好井裕明編『語りが拓く地平――ライフストーリーの新展開』せりか書房
飯野顕志　二〇一七「開かれた仏教を目指す仏教者の試み――若手僧侶の活動を事例に」『集団力学』三四
茨木祐賢　二〇一九「僧侶と一般の人々との距離感について」『豊山教学大会紀要』四七　豊山教学振興会
岡田真美子　二〇〇八「地域づくりと実践的空間――地域ネットワークの継承と再生を目指して」、桑子敏雄編『日本文化の空間学』（未来を拓く人文・社会科学シリーズ12）東信堂
片野真省　二〇〇〇「真言宗智山派における「教化研究」の可能性を探る――教化とは何か？教化の何をあきらかにするのか？」『智山学報』四九
栗田英彦　二〇〇七「四国遍路の展開における講集団の関わり」『東北宗教学』三
坂田正顕　一九九九「現代遍路主体の分化類型としての「徒歩遍路」と「車遍路」――現代遍路調査によるその実像」『社会学年誌』四〇
桜井徳太郎　一九六二『講集団成立過程の研究』吉川弘文館
桜井徳太郎　一九八五『結衆の原典――共同体の崩壊と再生』弘文堂
桜井徳太郎　一九九三「仏教民俗学への志向――民間仏教信仰解明の立場」仏教民俗学大系編集委員会編『仏教民俗学の諸問題』仏教民俗学大系1、名著出版
佐々木掌子　二〇一六「セクシュアル・マイノリティに関する諸概念」『精神療法』四二（一）

真野俊和　一九九一　『日本遊行宗教論』吉川弘文館
砂川秀樹　二〇一五　『新宿二丁目の文化人類学――ゲイ・コミュニティから都市をまなざす』太郎次郎社エディタス
中村元　一九八〇　「苦の問題」、仏教思想研究会編『仏教思想5　苦』平楽寺書店
丹羽宣子　二〇一九　『〈僧侶らしさ〉と〈女性らしさ〉の宗教社会学――日蓮宗女性僧侶の事例から』晃洋書房
針間克己　二〇一六　「セクシュアリティとLGBT」、青木省三・宮岡等・福田正人監修『こころの科学』一八九　日本評論社
プラマー、ケン　一九九八　桜井厚・好井裕明・小林多寿子訳『セクシュアル・ストーリーの時代　語りのポリティクス』新曜社
宮腰辰男　二〇一三　「セクシュアルマイノリティを生きるということ――同性愛者がセクシュアリティを受け入れるプロセス」、『大正大学カウンセリング研究所紀要』三五
宮腰辰男・坂本佑馬　二〇一八　「若年層のセクシュアル・マイノリティを対象とするサポートグループ――模索中の者に開かれたグループと臨床心理士が運営することの意味について」『大正大学カウンセリング研究所紀要』四〇、四一
宮田りりぃ　二〇一七　「性別越境を伴う生活史におけるジェンダー／セクシュアリティに関する意識」『教育社会学研究』一〇〇
横道萬里雄　二〇〇五　『体現芸術として見た寺事の構造』岩波書店
頼富本宏・白木利幸　二〇〇一　『四国遍路の研究』日文研叢書23、国際日本文化研究センター

第四章　ゲイバレーボールチームの現代民俗学

辻本侑生

一　性的マイノリティとスポーツサークル

男性が参加するスポーツサークルというと、何をイメージするだろうか。人によってさまざまだと思うが、野球やサッカー、ラグビーなどをイメージする人が少なくないだろう。

ところが、日本のゲイ男性にとって、サークルをつくって楽しむスポーツの代表例としては、バレーボールが挙げられる。試みに「ゲイ　バレー　メンバー募集」でウェブ検索をしてみると、以下のような、ゲイ（またはバイセクシュアル、以下「バイ」）限定のバレーボールチームのメンバー募集の広告が数多くヒットすることに気づくだろう。

【バレーボールサークルメンバー募集！】
バレーボールサークルのメンバーを募集しています！
まだできて間もないチームですが、親しみやすい雰囲気です。
・ゲイもしくはバイの男性
・バレーボール未経験者も歓迎
練習場所は××市の体育館です！
一緒に楽しみながら、交流していきませんか？
気軽な連絡をお待ちしてます。

※右記は実際の複数の募集広告をもとに作成した、架空のサンプルである。

こうした広告をみると、さまざまな疑問が湧いてこないだろうか。なぜゲイあるいはバイ男性に対象を絞るのだろうか？　市の体育館を使うには、どのような名義で借りているのだろうか？　そして、なぜバレーボールなのだろうか……？　日本の性的マイノリティとスポーツに関する研究は、社会学による研究があるものの（風間 二〇一六）、ゲイ男性によるスポーツサークルが、いつごろ、なぜ結成され、なぜバレーボールが多く選ばれているのだろうか。こうした疑問に答えてくれるデータや研究は、管見の限り皆無である。

以上の問題意識を踏まえ、本章では、日本のゲイ・バイ男性によるバレーボールサークル（以下「ゲイバレーボールサークル」）が、いつごろから、どのように、どういう人が、どれくらい活動しているのか、そしてなぜゲイ・バイの男性によるサークルにバレーボールサークルが多いのか、民俗学の視点から探究してみたい。

二　スポーツサークルと民俗学

ゲイバレーボールサークルのような存在は、民俗学とは全く関係がないように思えるかもしれないが、現代民俗学にとっては非常に重要な研究対象である。

まず日本の民俗学においてスポーツに関する研究は多くないが、社会教育の文脈から取り入れられた民謡、フォークダンス、そしてスポーツに関する議論が行われている（矢野 一九九九）。スポーツについて多くの蓄積があるのはドイツの民俗学であり、組合などさまざまな組織の研究の一環として、スポーツコミュニティの研究が盛んに行われてきた（河野 二〇二一）。

さらにクィア研究の文脈からみると、アメリカ民俗学では、権利を求める政治的なグループとしての性的マイノリティのコミュニティだけではなく、クィアカルチャーのグループに着目する必要性が指摘されている。そして、その一例として、ゲイのサッカーリーグやロデオのようなスポーツ、編み物やボードゲームのような趣味によるコミュニティが挙げられている（Chadwell-English and Bronner 2019）。

このように、スポーツサークルに着目する研究は日本・ドイツ・アメリカの民俗学のいずれにおいてもみられており、日常的な対象への接近を得意とする民俗学の独自性を活かした調査対象であるということができよう。

三　雑誌『薔薇族』にみるスポーツサークル

日本のゲイバレーボールサークルの実態に迫る上で、本章では雑誌『薔薇族』を用いる。『薔薇族』は一九七一年に創刊されたゲイ男性向けの雑誌であり、数回の休刊を経つつも、二〇二三年四月には第四四四号が発行されている。『薔薇族』のような雑誌は、社会学やメディア論におけるクィア研究においても資料としてよく用いられているが、スポーツサークルの実態を明らかにするために用いた研究は管見の限りなく、日常的な事象に着目する民俗学ならではの活用の仕方だといえるだろう。

この『薔薇族』の中には、インターネットが普及する以前に男性同性愛者の読者同士が文通を行うため、メッセージを投稿し合い、それを編集部が仲介する「薔薇通信」というコーナーが設けられていた（図1）。「薔薇通信」においては、まず、投稿者からの一〇〇〜二〇〇字程度のメッセージが、地域名・ペンネームとともにナンバリングされて掲載される。次に、読者がそのメッセージを読んで投稿者と文通したいと思った際には、編集部あてにメッセージの番号を明記して、二重封筒で投稿者に向けた手紙を送る。そして、編集部が投稿者にその手紙を転送することで、マッチングを促すようになっていた。外見だけで相手が「仲間」かどうか判断できないゲイ同士の恋愛にとって、文通は欠かせない出会いの方法の一つであった。そのため「薔薇通信」中には、自分の好みのタイプ等を記載し、出会いを求めるメッセージが多かったが、友達の募集や、スポーツなどのサークルメンバー募集の投稿もみられた。特にサークルメンバー募集の投稿については、一九九六年からは「薔薇通信」内の細目として「サークル・電話相談」が独立して設けられた。

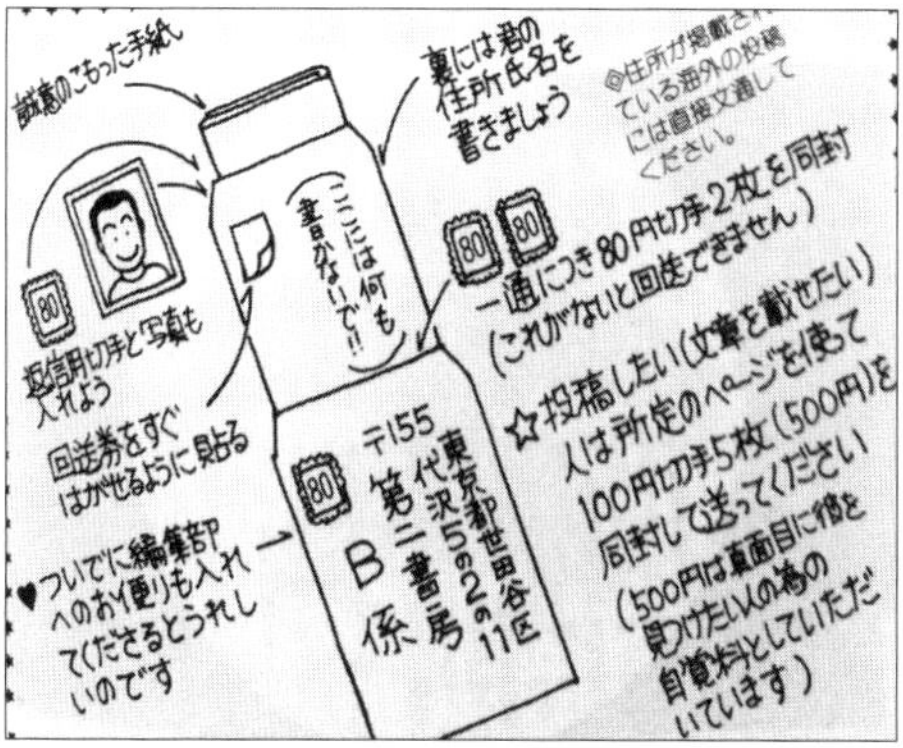

図１　『薔薇族』における「薔薇通信」の仕組み
出所：『薔薇族』1994 年 11 月号より転載

筆者はこの「薔薇通信」を用いてゲイバレーボールサークルの歴史をたどることを思いつき、国立国会図書館に所蔵されている『薔薇族』のうち、一九七五年～二〇〇四年の各年四月号の記載内容を通覧した。四月号を選んだのは、進学や就職、転居などのシーズンのため、新たな加入を呼びかける記事が多いと推測したためである。以下、記載内容から明らかになったことをまとめていきたい。

スポーツサークルの出現時期

まず、一九七五～一九八三年までの各四月号には、バレーボールを含め、スポーツサークルに関する投稿はみられなかった（ただし、四月号以外にはみられる可能性がある）が、一九八〇年代の中頃になると、以下のような投稿がみられるようになる（以下、「No.」は投稿に付された投稿者・読者のマッチング用の番号である）。

バドミントンクラブ。メンバーに入りませんか？　現在板橋区内で練習を行なっています。会員は二〇代～三〇歳位です。経験者、これから始めようとする人たち本格的に取り組んでみませんか。今年は各試合に挑戦する予定です。新宿訪問でも練習を行ないます。（一九八五年四月号No.10）

ボウリングクラブ。僕等のクラブに入りませんか？　平均年齢二〇代前半のとってもわかい仲間達です。ボウリング、ヘタでもウマくても関係ありません。友達も誘って気楽に応募して下さい。（一九八九年四月号No.99）

このように一九八〇年代中頃から、断続的にスポーツサークルのメンバー募集がみられるが、バレーボールは一九八七年四月号の以下の投稿に初めて出現し、それ以降、たびたび出現していくようになる。

燃えろアタック。バレーボールチームBは、一〇代～二〇代の部員大募集。腕に自信のある君！特にセッターとセンターを急募。火曜と木曜の午後に練習。友達が一気にふえるよ。別に、土曜の夜に北区で練習してるノンケのチームでも部員募集中。身長・☎No.・明記でね！（一九八七年四月号No.67）

サークルの種類

一九八四年以降に出現したスポーツの種別では、バレーボールのほか、テニス、野球、サッカー、ハイキング、ランニング、ダイビング、合気道、ストリートダンスなど多彩な内容がみられている。例えばハイキングについては、毎年決まって投稿があり、その内容は以下のようなものである。

ハイキングサークル。自然の中でハイキングを楽しみませんか。毎月一回東京近郊の日帰りコースにいっています。冬場はひなびた鉱泉につかって体を暖めたりもします。現会員は約五〇名で年齢層は一八～六〇代。登山の初心者でもＯＫ。飲み会等の企画もあり。気軽に連絡を。（一九九三年四月号No.237）

このほか、スポーツ以外にも、男声合唱、吹奏楽、手話、旅行、政治、その他活動内容を限定しないサークルもみられた。

筆者が確認した『薔薇族』一九八四年～二〇〇四年の各四月号において、スポーツサークルメンバー募集投稿は全七〇記事あったが、バレーボールは一七記事と最多であり、次点はバドミントン、ハイキング、ダイビングでいずれも七記事であった。ハイキングとダイビングは同一サークルの繰り返し投稿であることを考えると、バレーボールおよびバトミントンがゲイのなかでサークルを作って楽しむスポーツとして選ばれやすいことがうかがえる。

活動地域

次にゲイバレーボールサークルの活動地域に着目すると、基本的には大都市圏が多くなっていた。例えば、以下の事例は東京都大田区（一九九五年四月号№155）、愛知県名古屋市（一九九七年四月号№640）のものである。

バレーメンバー募集。毎週日曜の午後、大田区内で練習しています。平均年齢二五歳、わりと体育会系ポイ感じでやっています。新たにレベルアップを目指してがんばっていますので、バレー好きな方、経験者の方、一度練習を見に来ませんか。詳細は手紙 or 電話にて。（一九九五年四月号№155）

僕たちは、月二回名古屋市内のスポーツセンターでバレーボールをしています。今回、新メンバーを募集します。経験の有無にかかわらず、スポーツ好きな人、連絡ください。また、セッターのできる人も同時募集します。（一九九七年四月号№640）

一九九〇年代前半までは東京都内か横浜市など、関東の大都市圏に限られていたが、一九九〇年代後半からは上記の名古屋市のほか、大阪府大阪市（一九九八年四月号№833）、福岡県福岡市（一九九八年四月号№837）など、関東以外の大都市圏にもゲイバレーボールサークルの募集が拡大している。

さらに大都市圏に加えて、「地方」において、こうしたサークルを求めるような投稿がみられることもあり、興味深い。例えば以下は、茨城県古河市においてバレーボールサークルの創設を呼びかける投稿である。このほか、栃木県や千葉県において、バレーボールサークルがないか尋ねる投稿もみられた。

古河でバレーボールチームを作ろう！私は三五歳、会社員です。古河でバレーボールチームを作ってみたいな。一八～四〇歳でバレーボールが好きな人集まれ。手紙待っています。写真も。当方一七八×六〇。（一九九八年四月号No.７８３）。

活動頻度・活動場所等

活動頻度は、これまでも引用した投稿を通覧していくと、月に数回のサークルもあれば、毎週のサークルもある。参加資格については、例えば「初心者から経験者まで、とにかく大募集中です。バレーを通じて、たくさんの友達もできると思うよ」（一九九二年四月号No.２４９）といったように経験不問とする投稿もあるものの、「中学・高校での経験者で二〇代～三〇代の方大歓迎。ブランクのある方も大歓迎」（二〇〇〇年四月号No.４７９）というように、バレーボール経験の制限が記されている投稿も複数みられる。また、募集対象の年齢も不問とするものもある一方、この前述の事例のように二〇～三〇代をターゲットとするものも多くなっていた。

四　スポーツサークルから捉えるゲイコミュニティ

　以上の分析から見えてきたことをまとめると、次のようになるだろう。まず、『薔薇族』の通信欄「薔薇通信」においては、一九八〇年代中頃より、バレーボールやその他のスポーツサークルの勧誘投稿がみられ、募集の場がインターネットに移行する二〇〇〇年代前半まで、メンバー募集が行われていた。地域的には、都心部で活動がはじまり、その後一九九〇年代後半には名古屋、大阪や神戸、福岡などでもみられたことがうかがえた。また、サークル勧誘の文面からは、加入にあたり、バレーボール経験だけでなく、身長を尋ねたり、年齢制限をかけたりするものも目立った。これは「競技」に勝つためという側面もあるだろうが、エイジズムやルッキズム的な要素があることも推察される。

　なぜ一九八〇年代中頃からスポーツサークルの勧誘投稿がみられるようになったのか、まだ明確に明らかにすることはできていないが、『薔薇族』の編集を創刊以来担っていた伊藤文學は、一九八四年四月号の「連載　伊藤文學のひとりごと」にて、「今どきの若い子はグループを作るのが上手だから、グループ作りの投稿も日増しにふえています」（『薔薇族』一九八四年四月号、八五頁）と述べており、一九八〇年代中頃からスポーツサークル関連の投稿が出現している理由と関連する可能性がある。

　可能性の一つとして考えられるのは、一九八〇年代が、スポーツサークルに限らないゲイ男性によるコミュニティの成立期であったと指摘されている点である。一九八〇年代前半、ＨＩＶ／ＡＩＤＳが流行し、これが「ゲイ男性がかかる病気である」という根拠のないうわさにつながったことと関連して、ゲイたち自身がコミュニティを作り、HIV感染予防政策と協働するようになった（新ヶ江 二〇一三）。例えば、二〇〇八年に日本エイズ学会誌に発表された、ゲイ・バイ男性のHIV／AIDSへの認識を明らかにした調査研究では、スポーツ系を含む七つのゲイサークルに調査票配布に協力を得たと記載されている（奥田・日高・兒玉 二〇〇八）。「薔薇通信」の投稿内容からは、ゲイスポーツサークルが直接的にHIV感染予防政策として関連して結成されたわけではないと思われるが、こうした一九八〇年代におけるゲイコミュニティ全般の動きと全く無関係ではないと考えられよう。

最後に、最大の疑問である、「なぜバレーボールなのか」という点について考えてみたい。実は筆者は「なぜバレーボールなのか」を、さまざまな関係者に尋ねてきたが、「これ」という回答を得たことがない。筆者がこれまで耳にした話を総合すると、ゲイバーのママや常連者同士の親睦の手段として手軽だから、ユニフォームに魅力があるから、プレーしても汚れにくいから、ゲイに女子バレーボールのファンが多いからなど実にさまざまな仮説を聞くことができる。しかし、ゲイ・バイ当事者たちも、その答えをはっきりと持っていないのである。

ただし、一つ重要なポイントであると考えられるのは、バレーボールというスポーツが、女性というジェンダーと相対的に強く関わってきた点である。例えば、「令和三年度（公財）全国高等学校体育連盟 加盟・登録状況」によれば、二〇二一年九月現在、バレーボールの男子部員は四万九三八四人、女子部員は五万七二六四人となっている。サッカーが男子部員一四万九六一九人、女子部員一万七一四人であるのと比べると、バレーボールは女性が多く参画しているスポーツであるとわかる。スポーツ社会学者の江刺正吾も、バレーボールが男性よりも女性に好まれる傾向を指摘し、その背景として、自治体が既婚女性へのスポーツ普及にバレーボールを用いたことを指摘している（江刺 一九九二、江刺ほか 一九九六）。女性というジェンダーと結びついたバレーボールが具体的に展開したのがいわゆるママさんバレーであり、徳永敏文は岡山市内におけるママさんバレーサークルの展開過程を具体的に検討している（徳永 一九八八）。

ジェンダー・セクシュアリティとスポーツを考える上で、学校の部活動は今後、検討すべき課題であるかもしれない。日本において、若者がスポーツと接する機会として、学校空間における部活動はその比重が極めて大きい。また、中学校から高校にかけての思春期は、多くの性的マイノリティにとっては、自身の性的指向を自覚し、葛藤する時期とも重なっている。学校空間のなかで、そして学校空間を抜け出た後に、性的マイノリティがどのように部活動やサークルを選択するのか、今後調査に取り組んでみたいテーマである。

なお、本章は試論的な内容であり、筆者としては今後、他のゲイ雑誌（『Ｂａｄｉ』など）も含めたさらなる調査分析や、ゲイバレーボールサークルの設立プロセスについてのインタビューなども検討しており、それらについては別稿に譲りたい。

参考文献

江刺正吾 一九九二『女性スポーツの社会学』不昧堂出版
江刺正吾・田中励子・金恵子・木佐貫久代 一九九六「現代のスポーツ文化に関する基礎的研究――日本におけるバレーボール参与者の分析」日本体育学会第四七回大会発表要旨

奥田剛士・日高庸晴・兒玉憲　二〇〇八　「首都圏のゲイ・バイセクシュアル男性におけるＨＩＶ楽観論とＨＩＶ感染リスク行動および心理的要因との関連」『日本エイズ学会誌』一〇(三)
風間孝　二〇一六　「性的マイノリティのスポーツサークルにおける戦略的競技志向」『女性学』二三
河野眞　二〇〇二　「西洋社会の日常的な集団形成の歴史像——特に十九世紀前半のドイツ語圏における《組合の時代》について」『愛知大学文学論叢』一五八
新ヶ江章友　二〇一三　『日本の「ゲイ」とエイズ——コミュニティ・国家・アイデンティティ』青弓社
徳永敏文　一九八八　「ママさんバレーボールクラブ発展に関する一考察——岡山市内のママさんバレーボールクラブを中心として」『岡山大学教養部紀要』二四
矢野敬一　一九九九　「民謡と女性　身体化される「民主主義」」松崎憲三編『人生の装飾法』(民俗学の冒険二)ちくま新書
Chadwell-English, J. Tyler and Bronner, Simon J. 2019. "Folklore and Folklife of American LGBTQIA+ Communities and Queer Culture". Bronner, Simon J ed. *The Oxford Handbook of American Folklore and Folklife Studies*, Oxford University Press.

第五章　長崎のマダムナンシー

大田由紀

一　マダム南文《ナンシー》

祭りの中のナンシー

長崎、華僑の菩提寺のひとつである崇福寺《そうふく》（長崎市鍛冶屋町）は、一六二九年に建立された黄檗宗の寺院である。この寺では年間通じて多くの行事が行われる。中国盆（普度蘭盆勝会《ぽうるらんぼんしょうえ》）はそのなかでもっとも賑やかな行事で、長崎出身の華僑たちが全国から集まってくる。

僧侶たちの読経と檀家の人々が上げる線香の煙が立ち込める境内で、一人のチャイナドレス姿が目を引く。

細い腰、深いスリットからのぞくすらりと伸びた足、人呼んでマダムナンシー、華僑の二世である。ナンシーの本名は鄭徳財《ていとくざい》、戸籍上は男性である。

写真１　マダムナンシー
1998年頃、崇福寺にて
撮影：常盤宅馬

長崎の秋、諏訪神社の大祭である長崎くんちは、阿蘭陀船、鯨の潮吹き、コッコデショ、南蛮船、御朱印船が登場し、異国情緒たっぷりの出し物で町は賑わう。

ナンシーが住む町、籠町《かごまち》の出し物は有名な「龍踊《じゃおどり》」である。江戸時代、唐人屋敷の中国人が行っていたのを隣接するこの町の人々が習い覚え、くんちの出し物にしたといわれる。

ナンシーは知り合いの子どもの付き添いをかって出た。この日は華やかな和服姿である。日本人が中国人の格好をして龍を操り、中国人のナンシーが着物で練り歩く。

「ナンシー！」「ナンシーさん！」「別嬪さん！」

諏訪神社の踊馬場では、付き添いのナンシーに見物席から声がかかる。

「あん人は男だそうですばい」「ほんとのおなごのごとあってすね」などのささやきも当人の耳にも入る。ナンシーにますます自信と自慢が増してくる。

「私は何にでも興味があるのよ。何でもしてみたいのよ。やるなら何でも一番最高にやってみたいのよ」

好奇心旺盛なナンシー、どこにいても、なにをやってもおおいに目立つ。

「結婚式には、一番目立つ洋服とか着物とか着ていくの。だから言われます。『花嫁さんより目立たんごとね』って。だから私は言い返すのよ、『いま目立たんやったら、いつ目立つとね』」とナンシー独特の高笑いをあげた。

以上は、テレビドキュメンタリー「マダム南支物語《ナンシー》」のプロローグ部分である。
ローカル民放局のディレクターをしていた筆者は、二〇年前、ナンシーこと、鄭徳財という人物に興味を持ち取材を始めた。NBC長崎放送制作「マダム南支物語」は一九九九年に放送したテレビ番組である。

一九四五年生まれのナンシーは当時五四歳。トランスジェンダー、華僑、被爆者という三つのマイノリティを持ちながら、そのバイタリティあふれる生き方に惹かれたからである。

当時を振り返りながら、筆を進めたいと思う。またここでは、鄭徳財ではなく、呼び慣れているナンシーという名前で書き進めていく。

「マダム南支」は店の屋号

マダムナンシーとは、彼女が営むスナックの屋号であった。ナンシーを「南支」と記す。みな彼女のことをママではなく、「ナンシー」や「ナンシーさん」と呼び親しむ。

夜の店に勤め始めたときに横文字の源氏名が必要で、ナンシーと称した。映画『スージー・ウォンの世界』（一九六〇年）で主演した女優ナンシー・クワンに憧れていたからである。

一九八一年、自分の店を開店するとき、占い師に「南支」の字を勧められ、「マダム南支」と命名した。たった一人で店を切り盛りするナンシー、客相手にとにかくよくしゃべり、よく笑う。

ナンシーのお得意は、一人デュエット。男性と女性の声の使い分けで、デュエット曲を披露して客

写真２　スナック「マダム南支」
提供：NBC 長崎放送

写真３　20 代はじめのナンシー
東京の文化服装学院時代
提供：鄭徳財

をわかせるのである。歌の上手さには舌を巻く。

ナンシーは酒を飲まない、飲めないのである。しかし飲ませるのはうまい。やや高めのお勘定であるが、スナック「マダム南支」は毎晩賑わっていた。女性も男性も、若い人から年配までナンシーファンが集った。仕事での疲れや人間関係のいざこざも、ナンシーの歌や他愛ない会話で霧散するようであった。

現在であれば、ＳＮＳで画像や歌が拡散され、観光客が押し寄せたに違いない。

洋裁店との二足のわらじ

スナック「マダム南支」は、昼間は洋裁店「マダム南支」である。ナンシーは洋裁のプロである。一八歳から洋裁を学び、この道で生きてきた。昼はデザイナー兼お針子、夜はスナックのオーナー兼ママ、手も口も感心するほどよく動く。

「縫うようにはみえないでしょう。細かいことが好きなんですよね」と語るが、裁ちバサミで布を裁断するナンシーからは、布に立ち向かっていくような気迫を感じる。

「洋裁って常に勉強ですよね。流行があるし、痩せたり太ったり一人一人体形が違うから、きちっとしてるけれど着やすい、というのが難しい」

ナンシーが縫った服を着ると他のオーダーメイドでは満足できないという常連客は少なくない。

「彼女の人柄が出るのかしらね、なぜかソフトで包んでくれる感触がありますね」と客の一人は語る。

ナンシーは小学校のときから手先が器用で、刺繍などが得意だった。女子だけの家庭科の時間に、あまりに関心を示すので、先生が特別に教えてくれたこともあった。

高校を卒業すると家業の製麺業を手伝いながら、洋裁学校に通った。二二歳のときに本格的に洋裁とデザインを学ぶため東京の文化服装学院に入学、三年間学んだ。洋裁で自立することが夢であった。学友のほとんどが女性であったが、そのなかで学ぶことは苦にならなかった。むしろ心地よかった。女性とは気が合った。

文化服装学院在学中に父の鄭《てい》祖《そ》寶《ほう》が死去。卒業すると長崎に帰って製麺業を営みながら、洋裁の注文も受けるようになった。

当時はまだ「女装」ではなかった。男ものとして仕立てた服を着ていると、「それ女性用なの？」と尋ねられた。

トランスジェンダーとして生きる

小学生の頃から、おはじきや竹べらで遊ぶ十二竹、お手玉が得意だったナンシー。メンコやコマまわし、チャンバラごっこなど、男の子がやる遊びには関心がなく、得意でもなかった。

同級生の女の子たちはそんなナンシーを男の子とか女の子とか意識することなく、ごく自然に「徳ちゃん」として受け入れていた。

ナンシーが女性の格好を始めたのは二〇代後半である。長崎に戻り、洋裁の仕事を自宅で始めた頃、クラブから女性従業員の制服を依頼されたことがきっかけであった。クラブに出入りするようになり、そうするうちにアルバイトをしないかと誘われた。

週二回その店で接客の仕事をしはじめ、自分のためにも女物を仕立て、それを着て客の相手をするようになった。

美しいものへのあこがれ、きれいなものを女性に着せてやりたいという思いは、自分が着たい、そして着ればいいのだ、誰に遠慮がいるものかという思いに変化していった。

服だけでなく、化粧や髪型に気を遣い、マニキュアを塗り、女性の姿に変身するのが楽しく嬉しかった。職場だけでなく、プライベートも女性の格好で過ごすようになった。

ナンシーはひげもすね毛も生えたことはない。トランスジェンダーの人にはそのような処理に手を掛けないといけない人も多いが、手入れで困ったことはないという。

女性の格好で過ごすようになり、自宅以外のトイレも堂々と女性用を使用するようになった。違和感はなかった。

その後、二、三の店に勤め、ナイトクラブを最後に独立して自分の店を開いた。

「女装」したナンシーは華やかで独特の妖しさも感じられ、アマチュアカメラマンの格好の被写体であった。筆者が取材をしている頃、まるで恋をしたかのように他県から通ってきていた初老の「追っかけ」アマチュアカメラマンがいた。聞けば妻を亡くし、独り身であるらしい。しばらくして姿を見ないのでナンシーに尋ねたら、「女でない」とわかってショックを受けたとのこと。まさに恋に落ちていたらしい。

「隠しても騙してもいないのにね。こちらがびっくりよ」

毎回ナンシーの気を引こうと高価なプレゼントを持参していたその男性、恋は盲目という言葉があるが、まさしくそのとおり。散財の末、独りよがりの恋は終焉を迎えたようである。

好奇心のかたまり

なんにでも好奇心を示すナンシー。藤間流の日本舞踊を四〇代で始めた。

「着物を着るときのふるまい、着物を着慣れている人ってしぐさがきれいだし、所作を身に付けたかったの。私は日本人でないから和服を着る機会がなかったので」

正座ができないというナンシーであったが、師匠はそれを許してくれた。しばらくすると、正座だけでなく、着付けも自分で難なくできるようになった。

師匠の藤間勝裕は、「踊りだけではないですよ、意欲がね。何に対しても貪欲です」とその姿勢に驚く。踊りの発表会での控室はもちろん女性用。誰も嫌がらないし、女性の中に溶け込んでいる。

「私は女の方とが気が合うのよ、遊ぶのもなんにしても」

水彩画も同人の展覧会に出品するほどの腕前である。こちらは六〇歳を過ぎて始めた。可憐な草花や野菜を好んで描く。「絵は地味なのね」と問うと、「性格も地味じゃない」と返された。

二　華僑二世として長崎で生きる

華僑としてのルーツ

先祖を大切にする中国人のこと、ナンシー母子も毎月一日と一五日の墓参りは欠かさない。ナンシーには妹と弟がいるが、それぞれ結婚して家庭を持っている。ナンシーは母の蔡月琴《さいげっきん》と長く二人暮らしであった。

墓参りの母子の服はいつもお揃いの生地で、デザインが異なる。もちろんナンシーの手作りである。崇福寺後山にある鄭家の墓地は、ナンシーの父、鄭祖寶がつくったものである。

祖寶もまた長崎の華僑の多くがそうであるように、中国福建省の出身である。一九六九年、六七歳で亡くなった。一〇代で長崎に来たときは出稼ぎのつもりだったが、生涯の大半を長崎で過ごし、この異郷の地に骨を埋めることになった。

月琴は一度だけ夫の実家を訪ねたことがあった。

「田舎、田舎。家は石、天井も石よ、こんげん［こんな］長か石。タンスはひとつ。［家畜は］豚一匹、なんもなか［なにもない］」（［］内は、筆者による注記。以下同）

一八歳で中国から長崎に来た月琴は、未だに日本語は不得手で、片言の長崎弁を話す。

上海で育った月琴にとって、福建省の夫の実家は驚くような貧しさであった。痩せた土地を耕しても耕しても収穫は多くはなかった。干ばつがあると飢えが襲った。祖寶はそのような生活から逃げ出す

写真４　母子で墓参り
提供：ＮＢＣ長崎放送

写真５　針仕事
提供：ＮＢＣ長崎放送

ように上海に行き、船賃を貯めて長崎に渡ってきた。祖寶が一六歳のときであった。

　長崎には同じような境遇を逃れ、一旗揚げたいという福建省の同胞が多かった。

　現在、長崎市の中心部の新地中華街とよばれる地区には、中華料理店、土産品店、製麺所などが建ち並び、多くの観光客が訪れているが、その賑わいは戦後のことである。戦前の華僑の多くは「三刀」とよばれた料理、理髪、裁縫などの仕事や、行商、または西洋人家庭の下働きなどに従事した。裕福な華僑は貿易商を営むわずかな人だけで、そのような人々が同郷の人々の身元引受人となって助けてくれた。

　祖寶も、店を転々としながら出前や皿洗いなどの下働きで小銭を稼いだ。

「一六で日本に来て食堂出前、苦労したよ。うち［私］は、一八で上海から来て苦労したよ、ほんと苦労した。言葉わからんやろ」と月琴は振り返る。

　祖寶は四〇歳過ぎて、勤めていた製麺所の機械を譲り受けようやく独立した。バラックであったが、自分の店を持つことができた。

そんななかで故郷福建省のことは忘れず、実家や親類への仕送りは死ぬまで欠かさなかった。長男に徳財という名前を付けたのは祖寶である。生涯お金に困らないようにとの思いであった。中国人の墓地では「紙銭」という、お金に見立てた銀紙を何枚も燃やす。あの世で使えるようにと中国人に伝わる習慣である。

ナンシーが燃やす紙銭の煙はあの世の父に、深い感謝の気持ちと共に届いたはずである。

華僑の長男として

華僑の菩提寺である崇福寺では年間多くの行事が行われる。

元宵節、清明祭、媽祖祭、関帝祭、中国盆など、華僑たちは異国の長崎で中国のしきたりを引き継いできた。なかには、中国本土では姿を消した行事もあるという。

寺の祭祀は「三山公幇」といわれる組織で運営されている。「幇《ぱん》」とは同郷の人々による相互扶助組織である。しかしながら、華僑二世の高齢化や三世四世の帰化の増加で、長崎華僑総会の会員も、崇福寺の檀家も減少してきた。崇福寺の祭祀は徐々に規模が縮小され、簡略化される傾向にあるが、それでも頑なに守っている。

ナンシーも華僑の家の長男として、お寺の行事には必ず参加してきた。女として生きていても、長男としての心構えは人一倍強いのである。

旧暦三月二三日は媽祖祭《まそさい》。媽祖（天上聖母）とは航海を守る女性の神様。唐船には必ず奉られ、江戸時代長崎に到着すると、出港まで唐寺で祀られた。

祭壇には山羊や豚が供えられ、華僑が集っての昼食会にはそれがお下がりとして料理され供される。母・月琴と同じテーブルを囲む女性たちは、異郷で生き抜いてきた苦労を知っている同胞であり、同士である。米さえ食べることができず、薄い粥でしのぐ生活を強いられた人々も多い。戦前に長崎に来た女性たちは月琴と同じように、日本語は得意でない。

父、祖寶のことを知る人も少なくなった。

「きっぷよかったですね。ここのお父さんはお人よしやけん」

「腹巻にお金入れといて、すぐぱっと貸すとやもん。あるときに払えばよかというふうにね」

ナンシーは三人兄弟、二歳下の妹・金宋と四歳下の弟・徳興がいる。三人は長崎の中国人学校時中《じちゅう》小学校に通った。長崎の中国人学校は小学校だけで、中学校は日本の学校へ進学する子供がほとんどであった。裕福な華僑の子弟のなかには横浜の横浜中華学校（現・横浜中華学院）へ進学するものもあった。

ナンシーの両親は裕福と程遠い暮らしでありながら、長男の進学先を横浜中華学校に決めた。小学校を卒業したばかりの長男を送り出すのは辛かったが、教育と無縁な人生を強いられた両親としては、長男だけは中国人としての教育を受けさせたいという望みが大きかったのであろう。

知り合いもいない都会の町で、一二歳の少年は中等部、高等部の六年間は寮暮らしであった。寂しさに耐えかねてこっそり夜行列車に乗り、帰ってきたこともあった。しかし、すぐまた汽車に乗せられ横浜に帰された。

「両親は言葉ができないときから日本にやってきて、お金もない。日本人じゃないから、汚い言葉で罵られたり。食べるので精いっぱい、そんな中で育ててくれたわけですよ。それを見てきていますから、親が持っていたものを失わないよう守る責任があるんじゃないかと思います。それを大事にしないと」とナンシーは語る。

横浜の中華学校を卒業したナンシーは、長崎に帰り家業の製麺業を手伝いはじめた。両親は朝六時から麺を作る。長崎のちゃんぽん麺は唐灰汁《とうあく》が練り込んである独特のものである。両親が作ったちゃんぽんや皿うどんの麺を得意先に自転車で配達し、それが終わると洋裁教室に通い、夕方は追加分の配達や注文取り、集金にまわった。

旧暦七月二六日から二八日の三日間、中国盆（中国式の施我鬼《せがき》供養）は、崇福寺の行事のなかでも、もっとも大がかりなものである。この日に合わせて、長崎から全国に散らばった多くの華僑が里帰りをし、旧交を温める。以前は中国盆が華僑の見合いの場になった。現在、華僑三世四世は日本人と結婚し、帰化する人も多い。中国語を話せない人も多くなった。

ナンシーも欠かさず毎年、参拝する。お手製のチャイナドレスは毎年注目の的、寺に集う女性たちの楽しみでもある。

最終日には爆竹を鳴らし、先祖らがあの世で使うお金に見立てた円すい状の金山・銀山を燃やす。炎に照らされたナンシーはさらに妖しさが増す。ナンシーも、中国人の血を強く感じる夜である。

女として生きる長男

父の残した土地にナンシーの代でビルを建てた。一階はテナントに貸し、二階が店、その奥と三階が自宅である。そこにナンシーは母親と二人で暮らしていた。

子どもたちが幼い頃、母が妹のために服を作ってやると、それを男の子のナンシーがいつのまにか着て外に出掛けているというようなことがたびたびあったという。

「まさかこんなになるとは、世の中おもしろか」と母は笑う。

妹の金宋《きんそう》は結婚して大分に住む。金宋が結婚する頃まで兄は、兄であった。

「長崎に里帰りするたびに、あれ、あれと、女になっていくのでびっくりでした」と語る。

母は同居する息子のために食事を作り洗濯をしてきた。三人の子どものうち、ナンシーだけが独り身でいることが気がかりだ。

「私の悩みはこれだけ［ナンシー］よ、お嫁さん貰わんとが悩みよ、私は男を産んだと思うとったとに」

「私は男に産んで欲しいとは思わなかった」

こんな会話が親子の間で飛び交う。笑いながら語らうようになるまで、母親にとって戸惑いの時は長かったはずである。

ナンシーは幼い頃、女の子らしい男の子であったが、それでいじめられたり、仲間外れにされたことはなかったという。

時中小学校の同級生であった林照子は言う。

「動作が女性らしくて。男性だという意識なくて、徳ちゃーんって。女性だったらよかったのにね」

「お嫁に行っていたらふつうのおばさんよ。ひとりだから気ままでいいんじゃないの」とナンシー。

おばさん同士のかしましい会話は尽きない。

母の育った上海へ

一九九八年秋、ナンシーは母親と共に中国上海、蘇州の旅へ出かけた。親子で三度目の中国旅行である。私もカメラマンと同行した。

ナンシーは旅行中もおしゃれ心を忘れない。蘇州の町を和服姿で歩いた。突如往来に現れた着物姿に地元の女性たちが寄ってきて、質問ぜめにあう。

「これは織物ね」「この紐［帯締め］はずしたらどうなるの?」なかには裾をまくってみようとしたりする人もいた。異国でも充分目立ちたがりを発揮した。

上海は母の月琴が九歳から一八歳まで暮らした都市である。この町には辛い思い出しかない。月琴は、九歳のときに上海の金持ちの家の養女になった。実は売られてきたのだ。養女というのは名ばかり、女中としての九年間だった。

実の母親は早くに亡くなり、兄は一人いたが消息はわからない。父親は阿片の常用者であった。阿片を買うために娘を売ったのだ。学校に通っていなかった月琴は当時、字が読めず、自分の故郷がどこかもわからない。ただ、長い距離を船に揺られていた記憶だけがある。

上海の養い親も義理の兄弟も亡くなったが、やはり売られてきた義理の姉の消息が気がかりであった。気の強い養母からかばってくれたり、慰めたりしてくれた。手紙の住所を頼りに訪ねた。小さな店がひしめき合う地区に義姉、姚銀心さんは住んでいた。久しぶりの再会に抱き合う二人。

「昔は、女中を雇わず、子どもを買うわけ。朝早く起きてそれぞれの部屋の痰壷を洗って水入れて、掃除済んだら洗濯、盥《たらい》いっぱい」

月琴の辛い思い出が蘇る。

「姉さん［義姉］が私のことで母さん［義母］と喧嘩すると、母さんが私を叩くとさ」

このとき義姉は七七歳、これが最後の別れになった。

ナンシーは旅の最後に語った。

「うちの母は一生懸命生きてきたんじゃないかと思う。努力、努力で生きてきた。本人は言わないけれど、後ろ指差されないようにと」

「中国人として生まれた以上、帰化しても中の血は変わらないという華僑もいるけれど、私は帰化しないでやっぱり中国人のまんまがいいね。中国に何千年もの歴史があるけれど自分も誇りを持てるように、その中の一人でありたいという気がするね」

長崎の華僑社会の中で

月琴は一八歳で結婚、日華連絡船の上海丸に乗船して、上海を後にした。一九四三年、第二次世界大戦のさなかであった。月琴は見合いをして、たった一〇日で結婚することを決めた。九歳で他人に売られた月琴にとって、夫がどんな人なのか、日本という異国に住む不安より、自由になれることが大きな喜びであり、希望であった。

一〇代から働きづめだった花婿は、家庭を持てる喜びで花嫁のために豪華なウェディングドレスを

写真6　父・鄭祖寶と母・蔡月琴の披露宴
提供：鄭徳財

奮発した。見合いのときに三五歳と言ったそうであるが、実は四一歳、花嫁とは二三歳差、父子ほどの年の差であった。

披露宴や婚家への結納金など、長年コツコツと貯めてきた有り金をすべて使い果たした祖寶、長崎での新所帯は四畳半一間の長屋暮らしであった。

長崎に来て三日目、夫はスパイ容疑で連行された。新妻は言葉も分からない異国で、放り出されたような心細さで過ごした。四〇日後に解放されて帰って来た夫は片方の耳が聞こえなくなっていた。

戦争の激化で上海に帰るつもりが、一九四三年一〇月、上海丸が沈没し、日華連絡船が終焉を迎え、帰国は諦めた。

一九四五年三月一八日に長男のナンシーを出産した月琴は、母子で祖寶の知りあいの華僑仲間を頼って、長崎市の郊外、西彼杵郡《にしそのぎぐん》長与村道の尾（現・西彼杵郡長与町）に疎開した。

八月九日長崎市に新型爆弾（原子爆弾）が投下されたと聞き、いてもたってもおられず、その二日後、月琴は生後四か月の長男を抱きかかえて自宅に戻った。夫のもとへは爆心地を通らずには帰れない。まだところどころで火が燃え、男女の区別さえ判別できない遺体が重なり、負傷者が助けを求めている状況であった。そのときの悲惨さや恐怖は、死ぬまで語っていない。本籠町（現、籠町）の自宅は爆心地から三・四キロメートルの距離、長屋は爆風で傾き、天井から空を覗ける有様であったが、幸い祖寶も無事であった。のちに入市被爆者として、月琴もナンシーも被爆者健康手帳を取得している。

戦後は夫と共に麺づくりに励んだ。土地を買い、狭いながら店舗兼自宅を建てた。その間、三人の子どもを育てた。

祖寶は仲間からも慕われたが、保証人になって借金の肩代わりをすることもたびたびで、夫婦げんかも絶えなかったそうである。祖寶を知る人は「人がいい、情の深い人だった」と口を揃えるが、特に女の人には情が深かったようだ。これも妻をたびたび困らせた。

月琴は夫の浮気相手に「金はない。おやじさん［を］、連れて行け」と怒鳴るほど、肝っ玉の据わった女性に変化していった。

三　落地生根《らくちせいこん》

母の死と老い

私がテレビ番組「マダム南支物語」を製作して二〇年以上経った。

二〇二二年初冬、雑踏の中で毛皮のロングコートをまとったナンシーを見かけて声を掛けた。

「よー私ってわかったね」

「わかるさ、毛皮のロングコートを着ているのは長崎ではナンシーぐらいしかおらんよ」

雪の積もらない冬が当たり前の南国長崎である。ナンシーはやはり目立つ。

母、蔡月琴は入院中という。コロナ禍で病院の面会は許されず、自分の手で洗濯だけはしてやりたいと二、三日にいちど病院に通う日々だという。

「ママはなんで会いに来てくれんとやろかと思っていることだろう」、それが辛いと嘆く。

ナンシー自身も前立腺がんの治療中だという。いつも「男性」だということを失念している私は、とっさに「前立腺」とナンシーが結びつかない。そうだった、ナンシーは「男性」だったのだ。

入院したら病室は四人部屋に一人だけだったという。

「私がこんなだから男性用とか女性用の病室だと他の患者さんが戸惑うと思って、気遣ってくれたものと思っていたのよ。それがほかの部屋もそうで、コロナのせいだったのよ」と笑う。

この年一〇月、母の月琴が亡くなった。九六歳であった。長男のナンシーは喪主として葬儀の挨拶に立ち、母親の好きだった歌「何日君再来」をアカペラで歌った。

「産んでくれてありがとう、次に生まれるときもママの子どもで産まれたい」

最後に母の遺影に向かって語る姿は母親を慕う男の子そのものであった。

番組制作から二四年経って

現在（二〇二三年）スナック「マダム南支」はコロナ禍や、母親や自分の闘病などもあって閉店したままである。洋裁も自分の服を縫うだけである。

七八歳になったナンシーには、現在四八歳のボーイフレンドがいるそうだ。

若い時に何度か客として店に来た男性で、突然「懐かしくなって」と訪ねてきたそうである。

「話をするだけよ。お茶くらいは出すけどさ」と嬉しそうに話す。

「それって高齢者相手の詐欺じゃない？」と私が心配すると、

「大丈夫、お金は渡さないし」と笑う。

ナンシーが五〇歳の頃、惚れていた男性に危うく家も土地も騙し取られそうになったことがあったという。信じていた男の裏切りに傷つき、泣き暮らしたという。

「それからは男に振られても寂しくないように、次はこの人、その次はあの人とストックを作っとくのよ」と、さらに高らかに笑う。


先に書いたようにナンシーを取材した番組「マダム南支物語」は筆者がNBC長崎放送でテレビ制作部に所属しているときに制作した。

JNN系の九州ネット番組「電撃黒潮隊」（三〇分）で一九九九年二月二二日に「マダム南支物語」として放送、そしてその後六〇分番組に作り直して、同年五月二七日同タイトルで放送した。

六〇分の番組は民間放送連盟賞にノミネートするつもりで制作したが、社内の試写では男性の役員たちからたいへんな反発があった。

「このような生き方［トランスジェンダー］が理解できない」、「こんな人は苦手だ」というような番組の本質とは関係のない意見であった。

二四年前のこととはいえ、LGBTに対しての認識や理解はマスコミの一端でさえ、そんなものであった。それ以降、充分とはいえないまでも人々の認識も変わり、理解もある程度得られるようになり、状況は変化してきた。

ナンシーは番組の最後で、

「人間というのは好きで男に生まれてきたわけでも女に生まれてきたわけでもないでしょう。私はたまたま女性っぽかったからこんなふうに生きてきたんであって、だからそれが決して嫌じゃないですよ。死ぬまでこうやって生きていきたいと思います」

と語っている。

それから二四年、ナンシーは自分の信念を肩ひじは張らずに貫き、笑いと賑やかな喋りでまわりを愉快に巻き込んで生きてきた。

「私はおしゃれしか能がないの」といいながら、美しいもの、綺麗なものを自分で探求し、自分で作り、自分を飾ってきた。人に憚ることも世間に迎合することもなく、思いのままであった。

ナンシーはいつも底抜けに明るい。その明るさは他人を巻き込んでいく力がある。

父や母の生き方から学んだ「落地生根《らくちせいこん》」（居住地に根づいていく）という華僑の精神なのかもしれない。

参考文献

陳優継　二〇〇九　『ちゃんぽんと長崎華僑』長崎新聞社

参考番組

NBC長崎放送制作　「電撃黒潮隊・マダム南支物語」一九九九年二月二一日放送

NBC長崎放送制作　「マダム南支物語」一九九九年五月二七日放送

第三部　クィア民俗学の展開

第六章　性的マイノリティは差別を「笑い話」に変えるのか？

辻本侑生

一　差別と笑い話

近年、性的マイノリティの権利や同性婚に関心が高まっているが、そのようななか、政治家などによる性的マイノリティへの否定的な発言が報道されたり、ＳＮＳ上で拡散されたりすることも増えている。政治家などによる否定的な発言から、炎上・撤回へ、という流れは既に日常茶飯事になっているようにも思える。

そうした繰り返しのなかで、二〇二〇年一〇月、新聞各紙をにぎわせた次のような出来事を、はっきりと記憶している読者はそう多くないかもしれない。以下は、東京都足立区の区議会議員が議会質問のなかで、性的マイノリティへの差別的内容を含む発言を行ったことに関する報道である。

足立区議「同性愛者 法律で守られたら区滅ぶ」批判続出

九月二五日の区議会定例会の一般質問。

××区議は、少子化問題を取り上げる中で、「本人の生き方に干渉しようと思わない」としつつ、「あり得ないことだが、日本人が全部L（レズビアン）、全部G（ゲイ）。次の世代、生まれますか」と発言。「LやGが足立区に完全に広まってしまったら、子どもは一人も生まれない」、「LもGも法律で守られているという話になっては足立区は滅んでしまう」と話し、教育の中でのLGBTの取り上げ方を質問した。（朝日新聞デジタル二〇二〇年一〇月五日[1]）（××は筆者による）

性的マイノリティを区の施策として支援したら、出生する子どもの人数が減り、「足立区は滅んでしまう」のではないか、というここでの区議会議員による主張は、当然根拠のないものであり、性的マイノリティに対する差別に他ならない。この記事も、区議会議員による性的マイノリティへの差別発言に対して、批判が続出していることを報道したものであり、こうしたニュース自体は残念ながらそれほどめずらしくないものといえるだろう。

このニュースが報道された二〇二〇年一〇月五日から数日間の短い期間、インターネット（主に旧Twitter、現X。以下、ツイッターと記す）において、区議会議員が用いた「滅びる」という表現が流用されて笑い話に変わり、ハッシュタグ（#）を付されて新たな発話や反応が生み出される現象が観察された。

発端となったのは、あるアカウントによる「私たち　二人だけでも滅ぼせる　世界があるってニュースで聞いた　#足立区短歌」（二〇二〇年一〇月五日[2]）というツイート（現ポスト）であった。このツイートに影響を受け、「#足立区短歌」というハッシュタグを付して、自作の短歌をツイッターに投稿する人が数日のうちに続出したのである。

この現象をリアルタイムで見ていた筆者は、これは現代民俗学が考察対象とすべきテーマであると感じた。民俗学においては、民話などの伝承を扱う「口承文芸研究」という領域があるが、そのなかで議論されてきた「笑い話」というテーマに、この「#足立区短歌」の現象が極めて近いと感じたためである。

民俗学者の島村恭則は、韓国の大学で教鞭をとっていた時期、学生からさまざまな「民話」を収集したところ、いわゆる「怖い話」のほか、兵役や就職活動といったテーマに関して、学生を含む若者が置かれている抑圧的な状況を風刺する「笑い話」が多く採集されたことを述べている。こうしたことを踏まえて、島村は「たとえば、労働の現場や労働組合運動、住民運動の中に諷刺的語りとしての現代民話が育っていないか？　水俣や成田、読谷や嘉手納や辺野古といった地域においてはどうか？　在日朝鮮系住民や被差別部落住民などマイノリティの間では？　といった調査を行うべきなのである」（島村二〇二〇〔二〇〇二〕：一二四頁）と述べている。

本章で取り上げる「#足立区短歌」も、島村の指摘に即せば、SNS上の多様な属性の人びとが、区議会議員から公の場で差別発言をされるという抑圧された状況を逆手に取り、笑い話に転化させた現象であると理解できるのではないだろうか。本章は、差別と笑い話という視点から、区議会議員の性的マイノリティに対する差別発言に関連して、二〇二〇年一〇月にインターネット上でみられた一連の発話・反応を、民俗学的視点から分析することを目的とする。

二　ハッシュタグと社会変革

前節で述べた通り、区議会議員の差別発言に対して「笑い話」的な反応をした「#足立区短歌」が、多くのツイッターユーザーに広がった直接的なきっかけは、この「#」、すなわちハッシュタグであった。ハッシュタグは、例えば二〇一〇年代のアラブの春のような大きな社会変革において、さまざまな人びとをつなぐ役割を果たしたと指摘されている。こうした観点から、ハッシュタグは、インターネット上における社会的イシューをめぐる人びとのつながりや分断を明らかにする指標として、メディア研究の分野などで注目されてきた（Rambukkana 2015）。例えば二〇一五年に出版された『ハッシュタグの公共性（*Hashtag Publics*）』という書籍には、民俗学者のアンドリュー・ペックが執筆しており、ここでペックは民俗学のジョーク研究の視点から「#firstworldproblems」というハッシュタグに着目した分析を行っている。ペックは二〇一二年一〇月から二〇一三年一二月にかけて「#firstworldproblems（第一世界の問題）」というハッシュタグを付されたツイートを収集して分析した。当初は先進国に暮らす住民のぜいたくな「悩み」（例えば「車に乗るために、一五分も歩かないといけなかった」など）を批判する文脈で投稿されていたこのハッシュタグが、徐々に社会批判的な内容を含まないようになっていく様子を描いている（Peck 2015）。

本章では、先行研究におけるハッシュタグへの着目の有用性に示唆を受け、二〇二〇年九月に行われた足立区区議会議員の性的マイノリティへの差別発言によって、インターネット上でどのような発話や反応が生まれたか明らかにすることを試みる。具体的には、区議会議員の発言をきっかけに生まれた二つのハッシュタグのついたツイート――「#足立区短歌」、そして後述するがもう一つは「#私たちはここにいる」――を抽出した。データの収集は二〇二〇年一〇月にインターネット上で実施したが、データの分析・解釈に際しては、筆者が継続的に実施している性的マイノリティに関するフィールドワークで得た知見を用いている。基本的には、リアルタイムでのタイムラインの観察と一般的な検索機能によって得たデータをもとにしているが、アーカイブを行う必要性も感じたため、情報技術者の協力を得て「TwitterAPI」を用いた網羅的な収集も実施した。なお、本章で引用するツイートは、本書校了時（二〇二三年九月）において公開されているものに限った。

三　事例分析

「#足立区短歌」の発端となったツイートを再掲すると、以下のものである。これは、性的マイノリティの存在が「足立区を滅ぼす」と主張した区議会議員の発言に対して、「私たち」（性的マイノリティ）の存在によって「滅ぼせる」と逆手に取る内容である。

私たち　二人だけでも滅ぼせる　世界があるってニュースで聞いた　#足立区短歌　@hana0329（二〇二〇年一〇月五日）(3)

このツイートの後、性的マイノリティを主語（「俺ら」「私達」）とした、類似の短歌が「#足立区短歌」のハッシュタグを付して、次々と投稿されていく。例えば、以下のようなものである。

この川の向こうに行けば私達　くちづけだけで区を滅ぼせる　#足立区短歌　@EmperorCathy（二〇二〇年一〇月六日）(4)

こうした投稿に対しては、千件を超す「いいね」やリツイートがなされ、引用リツイートではセンスのよさを讃えるコメントが複数みられるなど、性的マイノリティへの差別発言について短歌という形式で風刺的に批判することへの賛意が示されていった。

他方で、差別発言が行われたのが足立区議会であったことから、性的マイノリティについてではなく、「足立区」という地域に着目した短歌も、同じ「#足立区短歌」のハッシュタグを付して投稿されるようになっていく。例えば以下のようなものである。

足立区が滅んで一番困るのは　自称都内の草加市民　#足立区短歌　@nobuhiko_1973（二〇二〇年一〇月七日）(5)

これは性的マイノリティとは無関係な内容であるが、足立区と隣接する埼玉県草加市を、「都内」在住だと「自称」する人がいることをとりあげたジョークである。このほかにも、「足立区は自転車の盗難が多い」というインターネット上での通俗的なジョークを素材にした、地域への偏見を含む短歌の投稿も複数みられた。

こうした内容については、他のツイートによって批判が寄せられていく。例えば以下のようなものである。

足立区に愛着ある者として、このハッシュタグの使用は、足立区だからといって何言ってもいいだろうという思惑が透けて見える。悪いのは区議本人であって、足立区短歌というのは本当に止めてもらいたい。 @xyzvv（二〇二〇年一〇月七日）[6]

足立区短歌やってるやつ、足立区に住んでないよな @ret156（二〇二〇年一〇月七日）[7]

このように「#足立区短歌」の本来の投稿から趣旨の変化がみられていく中で、当初の区議会議員の差別発言について、もう一つのハッシュタグ「#私たちはここにいる」を付した投稿がみられていくようになる。

この「#私たちはここにいる」の筆者が観察したかぎり初めの投稿は

渋谷区も滅んでいないので安心して欲しい、足立区は滅びないよ #私たちはここにいる
@mitarashikana（二〇二〇年一〇月六日）[8]

というもので、「#足立区短歌」のツイートが始めて見られた日の翌日に投稿されている。

そして、この投稿のリツイートが広まり、さらにウェブメディアのハフポストで、「#私たちはここにいる」を取り上げた以下の記事が掲載された。

自民党の××議員が「レズビアンやゲイが広がってしまったら、足立区は滅んでしまう」との趣旨の発言をしたことが、物議を醸している。

この発言を受け、レズビアンやゲイ当事者を含む多くの人たちが「#私たちはここにいる」というハッシュタグをつけたコメントや写真をツイッターに投稿している。

投稿しているのは、足立区に近い東京二三区の在住者だけではなく、大阪や香川や熊本など、日本各地の人たちだ。

「私たちはずっと昔から存在する」といったメッセージや、「自分の住んでいる街は全然滅んでないよ」「足立区も滅びないから安心して」といったコメントもある。(後略)(ハフポスト 二〇二〇年一〇月七日)[9](××は筆者による)

表1は TwitterAPI によって、二〇二〇年一〇月五日〜九日(世界標準時)の間に投稿された「#足立区短歌」と「#私たちはここにいる」のそれぞれのハッシュタグが付されたツイート数の推移を示したものである。これをみると、先に出現したのは一〇月五日の「#足立区短歌」であり、翌一〇月六日に

六〇五ツイートまで増えたのをピークに早くも減少に転じている。

他方で一〇月六日から出現した「#私たちはここにいる」は、右記のハフポストの記事で取り上げられたことをきっかけに、一〇月七日に一三五四ツイートまで増え、結果的に一〇月五〜九日の五日間では、後発の「#私たちがここにいる」の方が多い結果となった。

さらに、その後の筆者のタイムラインの観察によると、一〇月一一日が世界カミングアウトデーであったこともあり、メディアやインフルエンサーが取り上げるハッシュタグは「#私たちはここにいる」が中心になっていった。

四　インターネット空間の多声性

ここまで、区議会議員の性的マイノリティへの差別発言をきっかけとして生まれた「#足立区短歌」という笑い話、そしてそれと並行して登場してきた「#私たちはここにいる」という、二つのハッシュタグが付された投稿について、その動向を分析してきた。最後に、そこから言えることを簡単にまとめてみたい。

まず、「短歌」という形式をとった初めの投稿が、その後一定の

	#足立区短歌	#私たちはここにいる
2020年10月5日	3	0
2020年10月6日	605	25
2020年10月7日	185	1354
2020年10月8日	40	492
2020年10月9日	37	106
合計	870	1977

表1　ツイート数の推移
出所：筆者作成

広がりを見せたという点は、民俗学的に興味深いといえるだろう。民俗学者の矢野敬一は、新潟県旧山北町の林業地帯におけるフィールドワークのなかで、林業者が自身の日々の仕事に表れるさまざまな思いを託してきた短歌を分析している。矢野によれば、短歌は「近代において日常生活を表象するための言語表現として、広く普及した」（矢野 二〇〇三：一一二頁）ものであり、そこで描かれる風景は個人的なものにとどまらず、複数の人びとに共有されるものであるという（矢野 二〇〇三：一〇六頁）。矢野の指摘を敷衍すれば、本章で扱った事例は、ツイッターというSNSにおいて、一見古風に見えるが、近現代における出版文化と密接に結びついて大衆に普及した短歌というツールが結びつき、性的マイノリティ差別に対抗しようとする思いへの共感が、一定の広がりを見せた現象であると考えることができるだろう。

他方で、当初「#足立区短歌」のハッシュタグを付して投稿されていた短歌は、差別発言に含まれる「滅ぶ」という要素を逆手に取り、「笑い話」的な内容を含みつつも、性的マイノリティ差別に抗議する、切実な内容のものであった。これは、本章冒頭で引用した島村が指摘していたような、マイノリティや社会運動と関わる「笑い話」であるといえるだろう。しかし、「#足立区短歌」の投稿が増えるうちに、「足立区」という地名自体を単にジョークの素材とするような投稿や、そうした投稿を批判する投稿が増えていった。これは、アンドリュー・ペックが #firstworldproblems の分析から明らかにしたような、ハッシュタグの有する社会批判的な要素が冷却されていくプロセスが、日本においても見られた例であると指摘することができるだろう。そして、差別発言への抗議と性的マイノリティの連帯を呼びかける性格の新たなハッシュタグ「#私たちはここにいる」が出現し、笑い話的・諷刺的なハッシュタグである「#足立区短歌」よりも影響力を持つようになっていった。これは、笑い話・諷刺の持つ冷却的な性格への対抗とも捉えられるだろう。

このように、区議会議員の差別発言に対するインターネット上の一連の発話・反応は、差別発言に対する性的マイノリティの一枚岩な抗議として解釈できるものではない。対抗言説である「笑い話」が差別への抗議と無関係な「笑い話」へと冷却されたり、それと同時に同性カップルたち自身の写真とともにマイノリティの存在を示そうとする別のハッシュタグが生まれるなど、わずか数日の間にも、非常に複雑な反応がみられていた。これはインターネット上の多声性を反映したものであるということができるだろう。

ただし、こうしたインターネット空間における対抗的な運動の積み重ねが、やがて政治、そして現実社会を変えていくまでの力を持つこともある。例えば、二〇一七年にインターネット上をにぎわせた「保育園落ちた　日本死ね!!!」という匿名の投稿は、SNSで急速に拡散されたのち、国会質問で取り上げられ、総理大臣から保育士の処遇改善などを検討する旨の発言を引き出すまでに至った。この現象について島村恭則は、周縁化されてきた存在があるきっかけを機に力を持つと、覇権的な主張に対抗するまでの力を持ちうるとする、アメリカの民俗学者ロバート・グレン・ハワードによる「ヴァナキュラー・オーソリティ論」の一例であると分析している（島村 二〇一七）。この指摘を踏まえるのであれば、「#足立区短歌」の動き一つだけで日本の性的マイノリティの置かれた状況を直ちに改善することは難しかったかもしれないが、差別発言が起きるたびにこうした対抗的な動きを積み重ねていくことで、やがては差別に対抗する人びとの声こそが力を持つようになるかもしれないのである。

最後に、本章の分析の限界として、これまでみてきた二つのハッシュタグの付された投稿に表れないような、「声なき声」（田中 二〇一九）があることの重要性も指摘しておきたい。実際ツイッターでは、この二つのハッシュタグを使って投稿していた人びとのうち、どれくらいの割合が性的マイノリティ当事者であるかは、わからない。筆者の管見の範囲であるが、例えば若年層のゲイ男性当事者のうち、少なくとも一定の層は、こういったいわば「政治的」なハッシュタグに関心をあまりもっていない。この二〇二〇年一〇月も、二つのハッシュタグには反応せず、自身の顔写真を「#ＬＧＢＴさんと繋がりたい」といったハッシュタグとともに投稿し、同じセクシュアリティの仲間との交流を日常通り行っている様子が観察された。また、そもそもの発端となった区議会議員の発言と同じ意見をもつような人の「声」も、これらのハッシュタグが付された投稿には含まれていないであろう。

本章が扱った二〇二〇年九月の区議会議員による性的マイノリティへの差別発言と、それを受けて二〇二〇年一〇月にごく数日ツイッターをにぎわせた二つのハッシュタグ――「#足立区短歌」「#私たちはここにいる」――は、当時リアルタイムでこれらの動きを見ていた読者であっても、ほとんど記憶にないのではないだろうか。さらにいえば、イーロン・マスク氏によるツイッター社買収後の仕様変更等により、ツイッター上の雰囲気は、本章で扱った二〇二〇年に比べて息苦しいものへと変化しているようにも思われる。オンライン上に大量のデータがめまぐるしく流れていく環境のなかで、すぐに忘れられていくこのような「些事」こそを記録にとどめ、考える材料として残していくことこそ、民俗学にいま求められていることかもしれない。

付記

TwitterAPIを用いたデータ収集は、古川亮一氏にご協力いただいた。ここに記して深く感謝する。なお、本章脱稿後のツイッター（現X）の仕様変更により、今後本章と同じ手法でデータ入手を行うことができない可能性があることも付言しておきたい。

注

（1）朝日新聞デジタル「足立区議「同性愛者、法律で守られたら区滅ぶ」批判続出」（塩入彩執筆、二〇二〇年一〇月五日）https://www.asahi.com/articles/ASNB4733NNB4UTIL00H.html
（2）https://twitter.com/hana0329/status/1313105282940063744
（3）前掲（2）
（4）https://twitter.com/EmperorCathy/status/1313331664886681600
（5）https://twitter.com/nobuhiko_1973/status/1313840325559898112
（6）https://twitter.com/xyzvv/status/1313822927398162434
（7）https://twitter.com/ret156/status/1313821360129359874
（8）https://twitter.com/mitarashikana/status/1313335304216956928
（9）ＨＵＦＦＰＯＳＴ「「足立区滅びる」発言に「滅びないから安心して。」ＬＧＢＴＱ当事者たちが #私たちはここにいる で思いを投稿」（安田聡子執筆、二〇二〇年一〇月七日） https://www.huffingtonpost.jp/entry/we-are-here_jp_5f7d1e37c5b61229a0590470

参考文献

島村恭則　二〇一七　「周・田村・丁論文へのコメント」『日常と文化』三
島村恭則　二〇二〇（初出二〇〇一）　「日本の現代民話再考」『民俗学を生きる』晃洋書房

田中瑛　二〇一九「公共放送における「声なき声」の包摂の葛藤――ＮＨＫの福祉番組『ハートネットＴＶ』のソーシャルメディア活用を事例として」『マス・コミュニケーション研究』九五

矢野敬一　二〇〇三「風景に刻み込まれた歴史と短歌――山村と林業の近現代」岩本通弥編『記憶』現代民俗誌の地平3、朝倉書店

Peck, Andrew 2015. "Jokin' in the First World: Appropriate Incongruity and the #firstworldproblems Controversy," Nathan Rambukkana ed. *Hashtag Publics: The Power and Politics of Discursive Networks*, Peter Lang.

Rambukkana, Nathan 2015. "#Introduction: Hashtags as Technosocial Events," Nathan Rambukkana ed. *Hashtag Publics: The Power and Politics of Discursive Networks*, Peter Lang.

第七章　異類／婚姻／境界／類縁

廣田龍平

一　MCUのロキ、北欧神話のロキ

マーベル・シネマティック・ユニバース（以下MCU。アメコミ原作スーパーヒーローシリーズの最大手）の作品『ロキ』（二〇二一年、ディズニープラス配信）は、「いたずらの神」ロキ（トム・ヒドルストン）が主人公の、屈指の人気を誇るドラマシリーズである。この作品はクィアな観点から注目を集めたことでも知られている。それは、ロキ自筆の履歴書の性別欄に「流動的《フルイド》」と書かれたシーンがあり、さらに、作中でロキの性的指向がバイセクシュアルであることが明言されたからである。二〇〇八年公開の映画『アイアンマン』に始まったMCUの作品にはマッチョ・異性愛・家族志向が強くみられたが、二〇一〇年代後半から徐々に多様性や連帯が表現される場面が増えていった。ロキのキャラクターは、その象徴だった。とはいえ、最終話でロキは、女神シルヴィー（ソフィア・ディ・マルティーノ）に愛を告白することになる。結局は異性愛に収束するストーリーには、クィアベイティング（Queer-Baiting 作中でクィアな要素がほのめかされるが、それだけで終わってしまうこと）ではないかという批判の声も上がった。

なぜロキはこのような特徴付けをされたのだろうか。理由の一つとしては、おそらく、キャラクターのオリジンである北欧神話（主として一三世紀のアイスランドで記録された神話群）の同名の男神ロキが、アイデンティティの固定性を揺るがす存在として描かれていたという点があるだろう。とりわけ印象深いのは、ロキが関わった、ある異類婚姻譚である。

神々は、人類の領域である中つ国《ミズガルズ》の城壁建築を、ある鍛冶屋の男性（実は神々と敵対する巨人族の一人）に依頼した。鍛冶屋の巨人はスヴァジルファリという牡馬を使って素早く仕事を進めていく。それは期限内に終わる勢いだった。だが神々は、もとより巨人に報酬を与える気はなかった。困り果てた神々を見て、いたずらの男神ロキが動いた。

鍛冶屋が馬のスヴァジルファリをつれて、石をとりに出かけたとき、森の中から一頭の牝馬がかの馬にむかって駆け出してきて嘶いた。スヴァジルファリはそれがどんな馬であるかがわかると暴れ出し、手綱を引きちぎって牝馬の方へ駈けていった。牝馬は森へ逃げ、鍛冶屋は後を追って馬をつかまえようとした。だが、馬どもは一晩中駈け廻っていて、その夜は工事が停滞した。（中略）ところで、ロキはスヴァジルファリのところに通っていたが、その後しばらくして仔馬を生んだ。色は灰色で足は八本あり、神々と人間のなかで最もすぐれた馬なのだ。（ネッケルほか編 一九七三：二五八〜九頁）

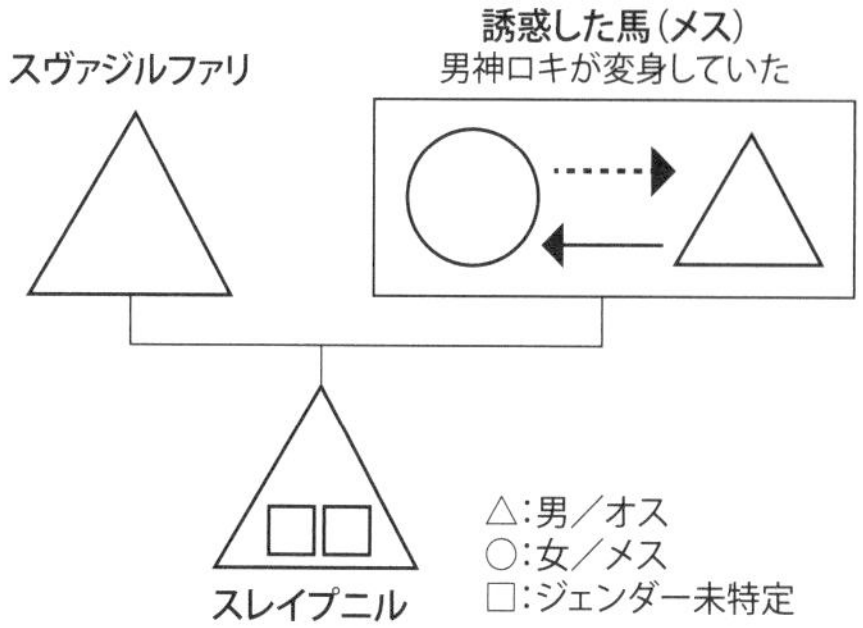

図１　ロキをめぐる関係図
出所：筆者作成

北欧の主神である男神オーディンの牡馬スレイプニルには八本の脚がある。これは、もとは二頭の馬として語られていたものが一頭に統合したのだろうという説もある（O'Brien 1997: p.163）。スヴァジルファリを誘惑した牝馬にして、スレイプニルの生みの親であるロキは男神でもある。男性から女性への変身、人間型の神から馬への変身、牡馬と交尾してそのまま妊娠し、人間型ではなく二身一体の馬型の子を出産する……。この説話にはクィアな要素がちりばめられているように見える。

ロキが女性になったり子どもをもうけたりしたのは、スヴァジルファリのときだけではない。たとえばオーディンはロキに「お前は、八年もの間、地の下で、乳しぼり女になって、その上そこで子供をこしらえたろう」と言っている（ネッケルほか編 一九七三：八三頁）。また、ある女性の心臓を焼いて食べたところ妊娠し、地上に怪物をはびこらせたともいう（同書：二一一頁）。さらに、男神バルドルがロキの悪意により死んでしまったとき、全世界が彼のために泣けば蘇ることができたのに、セックという女性の巨人だけが泣かなかったため、蘇ることはなかった。実は、このセックもロキが化けたものだった（同書：二七三頁）。

写真1　ロキとスヴァジルファリ
出所：Dorothy Hardy, 1909. *Myths of the Norsemen from the Eddas and Sagas.*

それでは「ロキは男性なのだろうか、女性なのだろうか、それとも両方なのだろうか」(North 2001: p. 144)。ロキのジェンダー・アイデンティティは、広い意味でのトランスジェンダー(なかでも『ロキ』で示唆された「フルイド」)とすべきではないかと思うが、この点については最後に少しだけ触れる。

二　異類婚姻譚の概念をクィアにする

規範的な異性愛的恋愛から逸脱する民俗学のクィアな領域は、取り組む相手を人間だけに留めているのだろうか。あるいは、人間という境界を維持したままなのだろうか。このように言うと、民俗学はむしろ人間を見てこなかった、「人に向き合う」ことこそが課題であるという、一〇年ほど前に提起されたアプローチが想起されるかもしれない(門田・室井編二〇一四)。だが、そこで批判されていたのは、集合的表象を主要な研究対象としてきた旧来の民俗学的実践のことだった。それに対して本章の立場は、人間と非人間とのあいだに構築された境界に問いをつきつける。人間と非人間という境界、仮にその境界が曖昧なものにされ、そのどちらもが、あるいは両者の区分がクィア化されたとして、どこかに人間社会の名残を留めているのではないか。

この疑いを検討するために本章で取り上げるのは、口承文芸研究のジャンルの一つ、「異類婚姻譚」である。このジャンルは、文字通りに読めば、異なる種（生きている動植物に限らず、神々や死者、魔物なども含む）のあいだで婚姻関係が生じることを軸とした説話を指すものであろう。言い換えると、異類婚姻譚は種を越えた婚姻という、大半の社会的規範から外れた（Sprenger 2014: p. 25；濱野 二〇二一；Nolan 2022: pp. 16–19 も参照）、それ自体でクィアな説話をまとめる概念として理解できる（ただしこの理解は、本章の後半で崩れることになる）。ロキとスヴァジルファリもまた、いわばハッピーエンドの異類婚姻譚とみなすことができる。

国立国会図書館デジタルコレクションの全文検索で調べてみると、日本語におけるこの語の最も古い用例は柳田國男が『文学時代』一九三〇年五月号に載せた「桃太郎根原記」のようである。その後も柳田は『昔話と文学』（一九三八）や『口承文芸史考』（一九四七）などでこの語を用い、一九五〇年代には「異類婚姻譚」という表現が定着した（二〇二三年九月一三日現在の検索結果による）。現在もなお「異類婚姻譚」は頻繁に使われており、かく言う筆者も二〇二二年に刊行した論文のキーワードに「異類婚姻譚」を挙げた（廣田 二〇二二）。

この概念は、どれだけ民俗学的実践をクィア化しているのか。あるいはすることのできるポテンシャルを持っているのか。早くは藤澤衛彦《もりひこ》が異類婚姻譚を「変態」として研究していたことに注目する必要はあるだろう。藤澤は、今から一世紀近く前に刊行された『変態伝説史』の冒頭で、このように述べる

――「日本民間説話のうちから、変態的のものを抜き去つたら、口碑伝承の興味は半減されると言つてもよい」（藤澤 一九二六：一頁。藤澤 一九四八も参照）。同書がおもに取り上げたのは、代表的な変態ジャンルとしての「交婚伝説」、すなわち異類婚姻譚であった。

大正時代の「変態」は、現在と同じような性的な意味も持ってはいたものの、それに留まらなかった。何よりも「常態」の対義語であったため、迷信から犯罪心理、催眠術まで幅広い領域が射程に入っており、なかでも心理学において注目が集まっていた（菅野 二〇〇五）。当時の民俗学もまた、南方熊楠や岩田準一に代表されるように、変態と無縁ではなかった（本書第二章を参照）。私たちはここにクィア民俗学の部分的な芽生えを見出すことができるし、藤澤衛彦の研究もまた、クィアな口承文芸研究の先駆けとして捉えることができるだろう。しかし、その後の民俗学研究は、「変態」という言葉から距離を置いてしまう。

他方、近年の英語圏では、昔話（fairy tale）のクィア・リーディング、すなわち規範的な異性愛的関係ではないものを物語に見出す研究が積極的に行なわれるようになっている。たとえば *Marvel & Tales* 誌は二〇一五年に「クィアな昔話／昔話をクィア化する」という特集を組み、次のように言う――昔話における「セクシュアリティの外面的表象は、規範的な異性愛的欲望と探求に絡み取られていることが最も多い。昔話を定義しろと言われたならば、多くの人々がすぐに愛の――異性関係的《ヘテロセクシュアル》な愛という考え方を発することだろう」（Seifert 2015: p. 17; 筆者が強調除去）。だからこそ、単純素朴に見える物語のなかにクィアなものを捉えなければならない。クィアに読み込むことによって、そもそも「昔話は、すべてのありうる形で、並外れてクィアである」（Greenhill 2018: p. 290）ことが分かってくるのである。また個別研究としては、インドの少数民族に伝わる民話をクィア化し、政治的にも性的にも支配的な主流社会に抵抗する試みや(Chakraborty 2021)、現代のレズビアン小説(マチャド 二〇二〇)に昔話の――異類婚姻譚の!――モチーフを見出す分析なども行なわれている(Campbell 2019)。それでは、異類婚姻譚はどのようにクィアに読み解けるだろうか。

異類「婚姻」譚?

民俗学において婚姻とは、出産や葬送などとならび、きわめて複雑に組織化された社会制度の一つであり、文化人類学や社会学といった隣接分野の成果とも連なりながら、多くの研究が蓄積されている(八木 二〇一七)。本章でそれらを検討する余裕はないが、広く共有されているのは、婚姻の開始が、出産や葬送などと同じように、人間社会における通過儀礼の一つだという前提であろう(ファン・ヘネップ 二〇一二:第7章、八木 二〇〇一)(なお、婚姻の定義については、儀礼などによって共同体が制度的に承認することを本質とする制度主義を採る[Nolan 2022: pp. 25-26])。

異類婚姻譚を読んですぐに気づくのは、そもそも儀礼としての婚姻が語られないことが多いという点である。「蛇婿入」という話型で知られる説話から一部を抜粋してみよう。

蛇が或る家の娘に恋をして、毎晩毎晩、皆のもんが寝てから、え、男になつて通ふげな。とう〳〵娘が懐妊してしまうた言ふわい。(儀貝 一九三四:二九頁)

これのどこに儀礼的行為があるだろうか。どの部分が婚姻なのだろうか。このことは、同「蛇婿入」話型の別の説話において、

羽織袴に紋付を着た立派な男がやって来て「俺は此の先の沼に住んどる蛇ぢやが、今日は昨日の約束で娘を貰ひに来た」言うた。（儀貝 一九三四：二八頁）

のように儀礼的行動が描写されているのと対比すると明らかである。そのほかの異類婚姻譚をざっと眺めてみても、ジャンル名に反して、婚姻の存在をしるす制度的儀礼が描かれていないものが目立つ。

念のため言っておくと、どのように出来事を語るのであれ、起きたことすべてを網羅することはできない。そのため、語り手は有限な要素から言葉を紡ぎ出すしかない（ウーフィット 一九九八：一五四頁）。一般的に、異類婚姻譚の語り手や書き手が婚姻儀礼の詳細について語る必要はないだろう。そのため、物語のなかで儀礼が実施されていなくても、蛇婿入の一つめのような形式でもないかぎり、それ自体で婚姻儀礼の不在を断言することはできない。

だが、次の昔話はどうだろうか。筆者が「ゴリラ女房型」と名付けた話型（廣田 二〇二二）のプロトタイプ、沖縄民話「ゴリラ女房」である。それによると、ある島を流れる未踏の川を遡行していた男性の若者グループの一人が上陸したところ、ゴリラに捕まってしまった。ゴリラは男性を山奥の群れのところまで連れていき、食料を与えた。このゴリラはボスザルだった。それから一年間ほどこのゴリラと暮らしていると（以下、テキストに従い、沖縄「方言」の次に「共通語」訳を置く）、

あぬ動物とぅやてぃん、くれー一《てぃー》ちぬ何が湧きでて、やるばーてーやー、同棲関係が、あんとぅ、うぬ間《かん》に知らず知らずし、うぬくまや妊娠《ママ》さーにから、今度《くんど》ぉ、出産までぃさんでぃよーやー。／動物ではあっても情が湧き出て、同棲関係になり、知らず知らずのうちにゴリラとの関係が出来妊娠させてしまった。そして、出産した。（読谷村教育委員会・歴史民俗資料館編　一九八三：六五頁）

しかし男性はこのままゴリラと暮らしているわけにはいかないと思いなおし、ひそかにいかだを造り、逃げ出すところまできた。そこにゴリラがやってきて、

「自分《どぅー》や、うっちゃんなぎやーに、逃《ひ》んぎてぃ行ちゅんなー。」ということで、くさみちゃーに。なー今度《くんど》ぉ自分《どぅー》ぬ子《くゎ》ぬあたらしい子《くゎ》ん分らん、うぬ子《くゎ》ぬ足二《ひさたー》ち、摑《かち》みやーにやーうまんかい、うっちゃんぎらってぃ、逃《ひ》んぎてぃ行《は》いし見《ん》じゃにかい、心《ちむ》ぬ、しぬばらんよーなー、うりが執念に燃えて、すぐ二《たー》ち摑《かち》みてぃ、引ちさちゃんでぃ。／「自分はとり残して、一人だけで逃げていくのか。」と、怒った。自分の子供を抱いていたが、あまりの怒りに我を忘れて、自分の可愛い子供も忘れ両足を摑み、おきざりにされる、くやしさと怒りが執念となって燃え上がり、思わずその子の両足を引きさいてしまった。（読谷村教育委員会・歴史民俗資料館編　一九八三：六六〜七頁）

人間の男性はゴリラの世界から逃げ出すことができたが、それはゴリラの悲嘆と我が子の犠牲を伴うも

のだった。

この物語は、人間と非人間との悲劇的別離という、ヨーロッパや日本の異類婚姻譚にありがちな結末(小澤 一九九四:一九九～二〇二頁)を迎える。しかし出来事としての別離が、子どもの身体的な両断として具体化されている点が異例である。筆者が興味を持って起源を調べたところ、人間に近い姿の異類との生殖行為、そして別離における子どもの引き裂きに至るこの物語は、世界中に分布することが判明した(廣田 二〇二二)。

「ゴリラ女房」を異類婚姻譚とするならば、一つめの引用が婚姻の部分であるが、「蛇婿入」の最初の話型と同じように、生殖行為が行なわれ、妊娠することが描かれているのみで、婚姻儀礼に相当するものは不在である。しかし話者は「ゴリラ女房」と命名しており、教育委員会や歴史民俗資料館の調査者もそれを踏襲し、そして昔話を一冊にまとめるとき、同じような異類婚姻譚と並べてしまう。

儀礼の描写の欠如とは別に、花部英雄は、そもそも日本における異類婚姻譚は、婚姻が成立しないことに特徴があることを指摘する。「いきなり成人した異類が人間との結婚を求めてやってくる。人間の社会生活の経験がない異類とは結婚を拒否するというのが、日本の庶民世界の認識なのではないだろうか」(花部 二〇二一:一七六頁)。ただ、婚姻が失敗しているとするならば、何が起きているのだろうか。

そもそも柳田國男は、「異類婚姻譚」という語を創出したときどのような概念を想定していたのだろうか。『桃太郎の誕生』(一九三三)において彼は、同義語の「異類求婚譚」に「ラベルエラベット」というカタカナを付して、「人間の美女又美男と、鳥獣草木などの人で無いものとが縁を結んだといふ昔話」

と説明している（柳田 一九三三：七頁）。このカタカナはフランス語の la Belle et la Bête、つまり「美女と野獣」のことである。代表的な物語名で話型名を代替していたヨーロッパの口承文芸研究に対して、柳田はそれを抽象化して命名したわけだ。

柳田は「縁を結ぶ」という行為を「婚姻」として名詞化した。彼は『婚姻の話』（一九四八）でも、人間の話をするのに先立って、さまざまな鳥類のつがいやその「家庭生活」についての観察結果をいろいろと述べていた。柳田にとって、動物の繁殖行動と人間の婚姻は連続的なものだった（柳田 一九九九：四九一～四九六頁）。動物の行動や特徴に「婚姻」という言葉を割り当てるやり方は現在でもしばしば見られるものだが（Nolan 2022: p. 22）、柳田もまた、人間であれ非人間であれ、あるいは人間と非人間との関係であれ、かなり広い意味で「婚姻」の概念を適用していたわけである。明らかに、民俗誌的記述において可能とされる用語法から逸脱している。

これは婚姻概念の非人間的なクィア化だろうか。しかし『婚姻の話』における鳥類の観察は、最終的には「血統」の維持（柳田 一九九九：四九六頁）、つまり異性愛的な再生産至上主義という社会的規範に収まっている。二個体が婚姻関係にあれば異性関係であり、そして性的関係にあり、それが子々孫々と繰り返される生殖行為に結びつくという連想は、柳田にとって自然なものだった。

生殖＝再生産を目的とする性的関係の存在は、確かに、ある種の説話を異類婚姻譚と呼ぶことの条件の一つのように思われる。異類女房譚には、関係を求める女性が男性と不釣り合いに若く美しい――性的魅力がある――ことを強調する描写がしばしば見られるし、ジェンダーが反転した異類婿型でも、異類が人間に化けたときは美しい姿をしていることが強調される。ゴリラ女房型は子どもが生まれることが物語の要素になっている。また、異類婚姻譚では、説話中に「夫婦になった」という表現があることが多く、その場合は、話者自身も、人間と異類とのつながりを実質的な婚姻関係とみなしていたことがうかがえる。

しかし、話者によるにしても研究者によるにしても、二者間の親密な性的関係と生殖が婚姻へと還元されるやり方は、非人間へと婚姻概念が拡張される以上に、この概念を旧来の規範的な隘路へと追い立てている。人間と非人間との集合体の生成という観点から異類婚姻譚を論じるという点では本章の後半と通ずるところがあるグイド・シュプレンガーによる議論さえも、婚姻概念を無批判に保持したままである（Sprenger 2014）。

このように、一方では儀礼や制度抜きで「婚姻」と指示する問題、他方では生殖や性的関係との関連において「婚姻」と指示する問題が、異類「婚姻」譚というジャンル名には存在している。ここからは、それほど問題がないように見える「異類」に話題を移すために、冒頭のロキへと話を戻そう。

「異類」婚姻譚？

北欧神話の物語で「縁が結ばれる」のはロキとスヴァジルファリである。二頭の物語は「異類」婚姻譚と呼ばれるべきだろうか。一方は男神の変身した牝馬であり、他方は巨人の使役する牡馬である。馬どうしなので、婚姻儀礼が執り行なわれるわけでもなく、制度的にも婚姻関係にない。仮にロキのアイデンティティを人間の姿をした男神とするならば、異類の関係にあるとも言えるが、このいたずらの神にとって、アイデンティティを一つに限定することが神話のよりよい理解につながるとも言い難い。

しかし、異類でないとすれば、ロキとスヴァジルファリは同類なのだろうか。

実際のところ、少なくとも日本の場合、大半の異類女房譚や特定の異類婿譚において、異類と呼ばれるほうの存在は人間のもとに人間の姿で現れ、わずかに非人間的な特徴を有する以外には、人間として生活しつづけることが多い。これはアニミズム的存在論の大きな特徴である。つまり、非人間もまた、その外装（毛皮や羽毛、羽衣など）を脱いだり、あるいは逆に藻草や木の葉を身につけたりすれば、人間とほとんど見分けのつかない存在になることができるという考え方である。この考え方は東アジアに加えて、南米や北東アジアなどの先住民文化で広くみられる（デスコラ 二〇二〇：一八六～一九八頁：廣田二〇二一）。

そのため、アニミズムにおける多くの異類婚姻譚において、最初から最後まで「婚姻」関係にあるのが異なる種であることを知っているのは語り手と聞き手（表現者と視聴者）だけであって、当事者の人間にとっては、相手は人間なのである。だから人間のほうに異類婚姻をしている認識はない。他方で、非人間のほうにはその認識があるのだろう。だとすれば、両者の関係を「異類」どうしと見ることがどの程度妥当なのか、再考の余地があることになる。

潜在的に、あるいは片方にとってすでにクィアだったものが双方にとって明確にクィアなもの（お互いが異類である）になることにより――より正確には、なりかけることにより――、物語は悲劇的結末を迎える。この点は、むしろ異類婚姻譚の全体的傾向がクィア化への運動を阻止しているとも言える。本章の前のほうで、異類婚姻譚が「それ自体でクィアな」と記述した点を弱めているのである。

ゴリラ女房型はそうではない。お互いが相手を異類であると知ったうえで、縁を結びつづけているのだ。このことは、沖縄民話「ゴリラ女房」が、さらに（縁は結ばれないが）猿婿型などの異類婚姻譚がアニミズムでは理解できないことを示している。特に「ゴリラ女房」の場合、生まれてきた子どもが人間とサルとのハイブリッドとして描写されることが多い点は、身体的には人間どうしで生殖し、人間の姿をした子どもが生まれる傾向にあるアニミズム的な異類婚姻譚とはかなり異なる（逆に、一身一体のスレイプニルには近い）。これはアナロジズム的な関係と考えるべきだろう。個々の存在が本質的には人間であるアニミズムと違い、アナロジズム的存在論は、個々の存在がすべて異質であることを前提とする。異質なものどうしの結合は、キメラ的存在を生じさせる（デスコラ 二〇二〇：二八一〜三二〇頁、箭内 二〇一八：一六七〜八頁）。それが「ゴリラ女房」においてはハイブリッドな子どもとして具体化しているのである。しかしこの存在は、文字通り、引き裂かれる。ここにきて、「ゴリラ女房」の聞き手は、人間界に帰還しようとする男性の行動は当然だと思う一方で、どこか釈然としないものを感じるはずである。お前は人間と非人間の境界が意味をなさない状況を受け入れていたのではないか、留まっていれば悲劇は避けられたのではないか、と。

一方では、身体的には異類とは言えない状態を「異類」婚姻譚と呼ぶ問題があり、他方では、身体的には異類だが、関係性としては種の境界が無意味でさえある状態を「異類」婚姻譚と呼ぶ問題がある。この説話群の中核にあるのは、異類と同類の区分そのものが最初から最後まで一貫していることなどではなく、むしろそれが揺れ動いていることである。

「異類婚姻」譚？

再びロキに戻ろう。スヴァジルファリのときは関係性が平和裏に進んだが、実際のところ、中世アイスランドの語り手がジェンダーの複雑性に十分に開かれていたわけではない。男神オーディンは女性に変身するロキに対して、「男らしくないと思ったものだ」と非難している（ネッケルほか編 一九七三：八三頁）。また、バルドルを殺し、復活も阻止したことにより、男神以外のものへと変身していくロキは神々に捕らえられ、世界の終末《ラグナレク》まで岩に縛り付けられることになった。アイデンティティを揺るがし、世界が一つになるのを妨害し、クィアなジェンダーを帯びてきたロキは封印されてしまう。現代の私たちは、ロキを救うことができないだろうか――あらゆる領域を横断していき、あらゆるものへと同一化し、あらゆるものと縁を結び、そして切断するロキを。そして、引き裂かれてしまったゴリラと人間の子どもを。

私たちはここで、ジュディス・バトラーが古代ギリシア悲劇の登場人物アンティゴネーを分析するときにしたように、「形が崩され、ずらされた親族関係」、登場人物の「生を可能にさせたかもしれない」ものを素描してみたい（バトラー 二〇〇二：五七頁）。ここで引き寄せるのは、ダナ・ハラウェイによる、まさしく「親族」（kin）という言葉を、血統的な出自関係ではない方向へ広げようとする提案である。

> 私がめざすのは、「類縁関係（kin）」を、祖先や血筋で結ばれた実体とは異なる何か、あるいはそうした存在にとどまらない何かにすることだ。ゆるやかに異化（defamiliarize）する――見慣れた存在ではなくする――ような動きは、しばらくはただの間違いに見えるかもしれないが、そのうち（運がよければ）

はじめから正しかったように見えてくるはずだ。……ということで、赤ん坊ではなく類縁関係をどんどんこしらえよう！　（ハラウェイ 二〇一七：一〇三〜四頁 = Haraway 2016: pp.102-3）

ハラウェイがここで「異化する」（defamiliarize）と呼ぶものは、彼女がそれ以前に使っていた unfamiliar という用語と共鳴している。後者の英語は直訳すると「見慣れない」という意味だが、「親族関係や「家族」による紐帯に死ぬほどうんざり」したハラウェイが、「アイデンティティと生殖のドラマに由来するのではない」ものとして代わりに提案した「非家族的」なもののことでもある（Haraway 1997: p. 265; ハラウェイ&グッドイヴ 二〇〇七：一五四〜七頁に引用の訳文を参考にした）。ちなみに familiar と family は、ラテン語までさかのぼると同一語源である。

「非家族的」を提唱するにあたってハラウェイが念頭に置いていたのは、直接的には血統や遺伝子に依拠する人種差別であり、その具体例の一つが「ゴリラ女房」（gorilla-suited bride）だった。一九八七年、白人男性医師と黒いゴリラの扮装をした花嫁との結婚式の写真を掲げ、診療報酬の高い健康保険との提携《アライアンス》を勧める広告が医療関係者向けの雑誌に載ったことがあった。人種やジェンダー、階級に関するコード（貧困層の高リスクなアフリカ系アメリカ人、とくに女性が低報酬の原因となる）がこの広告を構造化している、とハラウェイは言う。写真の部分には「不道徳な縁組《アライアンス》」と書かれており、かつて禁止されていた「異人種間結婚」を想起させる（Haraway 1997: pp. 255-8）。近世ヨーロッパのゴリラ女房型説話には、「異類」に相当するのがアメリカ先住民の女性で、ヨーロッパ人男性があからさまに相手を差別しているものもある（Felsenstein 1999: pp. 294-5）。異類との対等な関係の嫌悪は、民間説話のうえでは他人種との対等な関係の嫌悪に変換されることさえあるということだ。

こうした諸々の差別から脱するため、ハラウェイは、血縁関係を文字通り異化（脱家族化）する吸血鬼の形象を提示する。それは安定したカテゴリーを横断し、存在を別のものへと変容させる（Haraway 1997: pp. 214-7）。このように見ていくならば、「異類」や「同類」といったバイナリーな概念や、人間と非人間、ある種と別の種のような規範的区分を前提とする物語は力を失うことだろう。「クィアすると は、「正常な」カテゴリーを取り消す仕事であり、人間と非人間を選別する操作に対して、なにより批判的である。（中略）境界も、境界侵犯もない」（Haraway 2008: xxiv. 逆巻 二〇二一：九二頁も参照）。境界侵犯の概念は、境界の外側に行くことともに、内側に戻る余地があることも含意する。ハラウェイはこの二分法を受け付けない。

ロキはスヴァジルファリ、スレイプニル、セック、さらにはオーディンやバルドルまでも巻き込み、赤ん坊も作りつつ、クィアで融通無碍な類縁関係を生成していく。また、メスゴリラと人間の男性、二人のあいだにできた子どもは、男性が逃げようとするまでは、このたぐいの類縁関係を作っていたはずである。だが男性は、種の系統へと囚われていくことで、自身の行為を境界侵犯として解釈してしまう。だからこそ彼は、人間界に戻ってしまうことができた。

類縁関係の生成は、異類婚姻譚と呼ばれてきた物語のなかで起きたことを指し示している。話者も研究者もそれを婚姻とみなすことにより、制度的承認や血統の再生産をみなすかぎりにおいて失敗か少なくとも異常と認識されてきた関係は、先述のバトラーを借りて言うならば、類縁の概念によって、縛られたロキや引き裂かれた子どもの日常的な「生を可能にさせたかもしれない」ものとなる。

三　民間説話のクィア・リーディングによってできること

異類婚姻譚のほとんどすべては、「ゴリラ女房」を含め、シス異性愛《ヘテロ》的再生産を前提としている。この前提をすり抜けていくのが北欧神話のロキであったが、彼のことは十分に論じられなかった。この点については、本章で行なってきた民間説話のクィア・リーディングの一般的な意義に触れつつ、少しだけ述べてみたい。

クィアな諸々の概念を論じるときに常につきまとうのは、それが社会的に構築されたものならば、それ以前／その社会以外において、その概念を適用するのは妥当なのか、という問題である（森山 二〇一七：八五〜八七、一〇六頁。周司・高井 二〇二三：二六〜八頁も参照）。だが、キット・ヘイヤムが述べるように、たとえばトランスジェンダーの概念が生まれる前のトランスの歴史を描くことは、「今を生き、多彩な仕方でそのジェンダーを経験したり表現したりして、同じことをしてきた人々の歴史から力をもらう人々」（Heyam 2022: p. 222; 筆者による強調除去）へのエンパワーメントでもある（フリッカー 二〇二三：一八九〜二二九頁も参照）。

歴史によるエンパワーメントに近いことは、民間説話に対しても言える。たとえばカナダのモントリオールに拠点を置く北欧系ペイガン（キリスト教以前の宗教を復興・近代化する人々）の団体に属するトランス女性が、ある儀礼において、「DCコミックスの女性キャラクターであるハーレイ・クインの姿になったロキ」のコスプレをした。「このことは、トランスジェンダーとしての彼女と同じように、自分の精神に自分の身体を合わせることについて多少なりとも知っている神ロキのジェンダーについての、彼女なりの解釈を見せている」(Lepage 2014: p.89)。

民間説話におけるさまざまな表象や実践をクィアなものとして記述すること、クィアなものへと変えていくことは、今を生きる人々が、自分たちの存在を、より広く深く、さまざまなどこかへと関係づけることにつながる。過去の資料を新たな視点から読解することにより、類縁関係の生成は終わりのないものとして行なわれつづける。本章のような口承文芸研究へのアプローチは、こうした実践への小さな寄与を試みるものでもある。

参考文献

礒貝勇　一九三四　『安芸国昔話集』岡書院

ウーフィット、ロビン　一九九八　『人は不思議な体験をどう語るか――体験記憶のサイエンス』大橋靖史・山田詩津夫(訳)　大修館書店

小澤俊夫　一九九四　『昔話のコスモロジー――ひとと動物との婚姻譚』講談社学術文庫

門田岳久・室井康成編　二〇一四　『〈人〉に向きあう民俗学』森話社

菅野聡美　二〇〇五　『〈変態〉の時代』講談社現代新書

逆巻しとね　二〇二一　「ダナ・ハラウェイとマジメに遊ぶために――学知の爆縮、あやとり、応答‐能力」『メディウム』一

周司あきら・高井ゆと里　二〇二三　『トランスジェンダー入門』集英社新書

デスコラ、フィリップ　二〇二〇　『自然と文化を越えて』小林徹(訳)　水声社

ネッケル、V・Gほか編　一九七三　『エッダ――古代北欧歌謡集』谷口幸男(訳)　新潮社

バトラー、ジュディス　二〇〇二　『アンティゴネーの主張――問い直される親族関係』竹村和子（訳）　青土社

花部英雄　二〇二一　『桃太郎の発生――世界との比較からみる日本の昔話、説話』三弥井書店

濱野ちひろ　二〇二一　『聖なるズー』集英社文庫

ハラウェイ、ダナ　二〇一七　「人新世、資本新世、植民新世、クトゥルー新世――類縁関係をつくる」高橋さきの（訳）『現代思想』四五（二二）

ハラウェイ、ダナ＆シルザ・ニコルズ・グッドイヴ　二〇〇七　『サイボーグ・ダイアローグズ』高橋透、北村有紀子（訳）　水声社

廣田龍平　二〇二一　「シャーマン＝狩人としての動物――世間話における妖狐譚を構造分析する」『日本研究』六三

――　二〇二二　「ゴリラ女房とその仲間――エーバーハルト121からAT 485Aへ」『口承文芸研究』四五

ファン・ヘネップ　二〇一二　『通過儀礼』綾部恒雄・綾部裕子（訳）　岩波文庫

藤澤衛彦　一九二六　『変態伝説史』文芸資料研究会

――　一九四八　「蛇族妖婚譚の研究」『猟奇』一九四八年二月号

フリッカー、ミランダ　二〇二三　『認識的不正義――権力は知ることの倫理にどのようにかかわるのか』佐藤邦政（監訳）・飯塚理恵（訳）　勁草書房

マチャド、カルメン・マリア　二〇二〇　『彼女の体とその他の断片』小澤英実ほか（訳）　エトセトラブックス

森山至貴　二〇一七　『LGBTを読みとく――クィア・スタディーズ入門』ちくま新書

八木透　二〇〇一　『婚姻と家族の民俗的構造』吉川弘文館

――　二〇一七　「民俗学における婚姻研究の回顧と展望――柳田国男から石井研士まで」『国立歴史民俗博物館研究報告』二〇五

箭内匡　二〇一八　『イメージの人類学』せりか書房

柳田國男　一九三三　『桃太郎の誕生』三省堂

――　一九九九　「婚姻の話」（一九四八）『柳田國男全集』第一七巻、筑摩書房

読谷村教育委員会・歴史民俗資料館編　一九八三　『儀間の民話』読谷村教育委員会

Campbell, Jessica. 2019. Real woman have skins: the enchanted bride tale in *Her Body and Other Parties*. *Marvels & Tales* 33(2)

Chakraborty, Kaustav. 2021. *Queering tribal folktales from East and Northeast India*. London: Routledge.

Felsenstein, Frank. 1999. *English trader, Indian maid: representing gender, race, and slavery in the New World*. Baltimore: Johns Hopkins University Press.

Greenhill, Pauline. 2018. Sexualities/queer and trans studies. In Pauline Greenhill et al. (eds.), *The Routledge companion to media and fairy-tale cultures*. New York: Routledge.

Haraway, Donna J. 1997. *Modest_Witness@Second_Millennium.FemaleMan©_Meets_OncoMouse™: feminism and technoscience*. New York: Routledge.

———. 2008. Foreword: companion species, mis-recognition, and queer worlding. In Noreen Giffney & Myra J. Hird (eds.), *Qeering the non/human*. Burlington: Ashgate.

———. 2016. *Staying with the trouble: making kin in the Chthulucene*. Urham: Duke University Press.

Heyam, Kit. 2022. *Before we were trans: a new history of gender*. New York: Seal Press.

Lepage, Martin. 2013. A Lokian family: queer and pagan agency in Montreal. *Pomegranate* 15 (1-2).

Nolan, Daniel. 2022. Marriage and its limits. *Inquiry*, DOI:10.1080/0020174X.2022.2075450

North, Robert. 2001. Loki's gender: or why Skaði laughed. In K. E. Olsen & L. A. J. R. Houwen (eds.), *Monsters and the monstrous in medieval Northwest Europe*. Leuven : Peeters.

O'Brien, Steven. 1997. Divine twins. In J. P. Mallory&D.Q.Adams(eds.), *Encyclopedia of Indo-European Culture*. London: Fitzroy Dearborn.

Seifert, Lewis C. 2015. Introduction: queer(ing) fairy tales. *Marvels & Tales* 29 (1).

Sprenger, Guido. 2014. Kosmologische Zoogamie zur Ehe zwischen Menschen und Tieren. *Paideuma: Mitteilungen zur Kulturkunde* 60.

Column 2 ディープ・フォークロアとクィア・アート

アメリカ民俗学の現在

民俗学は、一八世紀末から一九世紀初頭にかけて、フランスの啓蒙主義やヨーロッパ支配を目指したナポレオンの覇権主義に対抗するかたちでドイツで生まれた。そして、バルト三国やスカンジナビア半島、アイルランドなどヨーロッパ周辺部、さらには世界各地に広がっていった。民俗学は、帝国主義を背景にイギリスやフランスにおいて形成された人類学とは異なった成立史を持っている。

民俗学は、アメリカ合衆国にもある。一九世紀の終わりにアメリカ民俗学会が結成されて以来、一五〇年近くにわたってさまざまな研究がなされてきた。そして、近年、アメリカの民俗学では、クィア理論との接続、民俗学のクィア化が主張されるようになっている。

たとえば、二〇一七年に「アメリカ民俗学の未来」会議（インディアナ大学）が開催され、そこでの報告論文を集めた『民俗学の前進（*Advancing Folkloristics*）』という本が刊行されているが、ここでは、民俗学と「クィア理論」との親縁性が強調されている。以下、同書の議論を紹介してみよう。

民俗学の歴史をふりかえると、長い期間にわたって、国民国家イデオロギーを背景に予定調和的な「国民文化」論の形成に大きく関わってきたという事実が明らかになる。これは否定できない（これについては、一九八〇年代に徹底した自己批判が行なわれた）。だが、一方で、学界の中では周縁化されていたものの、「国民文化」とは異質のフォークロア（民俗）――文化に引かれた境界線や分類を飛び越えたり、無化したりしてしまうようなフォークロア――の研究も蓄積されてきていた。

執筆者の一人でアメリカ民俗学会元会長のケイ・ターナーは、こうしたフォークロアを「ディープ・フォークロア（deep folklore）」と名付けている。彼女は、ディープ・フォークロアの典型例として、民衆の聖者、女神、魔女、ゴースト、治療師、人魚、ヒッチハイカー、トラベラー（漂泊民）、トリックスター、ブリコラージュ、パロディ、てんやわんや、さかさまといった既存の「分類」や「秩序」を相対化したり破壊したりする存在を挙げるとともに、これまでは周縁化されていた女性の民俗学者、LGBTQ—A＋の民俗学者、ブラックやヒスパニックをはじめとする有色の民俗学者たちによる研究も、ディープ・フォークロア研究として位置づける。そして、こうしたディープ・フォークロア研究を通して「分類主義的な決定論」と戦う民俗学者たちの仕事は、同じく「二項対立的構造」と戦うクィア理論とほとんど立場を同じくすると指摘している。

写真　ジェシー・ファイブコート他編『民俗学の前進』（*Advancing Folkloristics*）表紙

フォークロアとクィア・アート

同書では、ディープ・フォークロアの具体的な研究例も多く紹介されている。オピオイド依存症に苦しむアパラチア住民たちの言語化困難な感情、メキシコ湾の環境破壊に怒る女神への信仰、ゲイに対する偏見のフォークロア化などについての考察がその一例だが、それに加えて目立つのが「アートとフォークロアとの関わり」についての論究である。フォークロアは、人びとの日常の中で生成し、伝えられるものであると同時に、当初の日常的な文脈とは異なる文脈へ転移して二次的に「活用」（民俗学の用語で「フォークロア・リサイクル」と呼ぶ）されることも多い。フォークロアの文学作品化、アニメやゲームへの取り込み、観光化などがその一例だが、ここで論じられているのは、ディープ・フォークロアが現代アート作品の中に溶け込んでいる事例である。

たとえば、ヒスパニック系やカリブ系黒人たちの家庭には、民間信仰の神々を祀る祭壇が設けられていることが多い。これまでの民俗学の調査・研究では、それを作って祀るのが主に女性たちであること、祭壇のデザインは個人によってきわめて多様で、そこには女性たちの個人的な思い、人生のナラティブ（物語）が込められていることが明らかになっている。

現代のクィア・アーティストの中には、こうした祭壇の持つ表現文化としての特色を引き継ぐかたちで、祭壇のアート作品化を試みている人たちがいる。エイズで亡くなった友人を追悼するとともにゲイのプライドを表現した祭壇、レズビアンとしての人生を祝福する祭壇、メキシコ系アメリカ人の移民生活とゲイライフを表現した祭壇などが作品として生み出されているのである。

　あるいは、カナダのアリソン・ミッチェルという作家は、サスカッチと呼ばれる巨人の伝説を翻案して、「レディース・サスカッチ」と題するインスタレーション作品を生み出した。伝説では大男であったものを大女に変え、彼女たちが寄り集まってレズビアンの理想的なコミュニティをつくっている様子が表現されている。

　またテキサス出身のパフォーマー、サンドラ・イバラは、メキシコの国家的守護神でありフォーク・カトリシズムの祭神である聖母マリアをクィア化したパフォーマンスを演じる。イバラが扮したマリアは、ガムを噛みながら眉をひそめ、軽蔑するかのような眼差しで信徒（観客）を見る。そして、聖女／娼婦をはじめとする性的二項対立の解体や女性の身体の自律性を表現するパフォーマンスが展開される。

　同書では、こうした事例をもとに、クィア・アーティストたちが、フォークロアを過去から現在へと想像的に持ち込むことで、歴史的に形成されてきた社会秩序と権力関係を撹乱し、蔑まれ、周縁化されていた人々に主体性を与えようとしていることが明らかにされている。そして、将来の民俗学は、こうしたアートの世界との結びつきを強めることで、フォークロアを介した社会変革に乗り出すべきことが論じられているのである。

（島村恭則）

文献

Fivecoate, J., Downs, K. and McGriff, M. eds. 2021. *Advancing Folkloristics*, Indiana University Press.

付記

本コラム、および次に続く「おわりに——民俗学の挑戦」は、島村恭則「ジェシー・ファイブコート他編『民俗学の前進』」（『現代思想』二〇二二年一月号　特集「現代思想の新潮流　未邦訳ブックガイド30」）を分割、リライトしたものである。

おわりに――民俗学の挑戦

島村恭則

トリビアルとクィアの民俗学

世界的に著名な民俗学者のアラン・ダンデス（一九三四～二〇〇五）は、二〇〇四年のアメリカ民俗学会で「二一世紀の民俗学」という特別講演を行なった。「民俗学はアカデミズムの中で周縁化されており、その原因の一つは、グランド・セオリー（巨大な普遍理論）を産出できていない点にある。民俗学者しっかりしろ！」と語られたその内容には、かなりのインパクトがあり、これが契機となって翌年のアメリカ民俗学会では「民俗学にはなぜグランド・セオリーがないのか？」というパネルが組まれた。

このパネルでは、「みんなで反省してグランド・セオリーを生み出せるようにがんばります」という努力表明がなされると思いきや、なんとダンデスの路線とは正反対の意見が多く出されることとなった(1)。

たとえば、ドロシー・ノイズ（オハイオ州立大学教授で民俗学の俊英）は、「そもそも民俗学は、「大学の親密なる他者（the intimate Other of the academy）」であり、この立場からグランド・セオリーを批判しないと存在意義がない。民俗学は、グランド・セオリーが無視しがちな、地域的・歴史的個別性、偶発性、小さな声の側からグランド・セオリーを批判し、それを乗り越えるオルタナティブな知としてのハンブル・セオリー（humble theory：慎ましやかな理論）を生み出す学問なのだ」と明快に論じた（この内容は、ドロシー・ノイズ「ハンブル・セオリー」『現代民俗学研究』三、二〇一一年として日本語で読むことができる）。

このパネル以後の一五年で、アメリカ民俗学は、「ハンブル・セオリー」を基調に、独自のスタンスから学術世界や社会に対して疑問を投げかけ、提言を試みる学問としての性格を明確に打ち出すようになっている。その中で生まれてきたのが、「トリビアルとクィアの民俗学」という考え方である。

本書のコラム「ディープ・フォークロアとクィア・アート」でアメリカの若手民俗学者たちが編集した『民俗学の前進（*Advancing Folkloristics*）』を紹介したが、同書での議論の大きな枠組みは、「トリビアル化の政治（politics of trivialization）」である。トリビアル（trivial）とは、「些末な」「とるにたりない」「あたりまえの」といった意味を持つ語であるが、民俗学が対象としてきた「日常の俗なるものごと」としてのフォークロア（民俗）こそ、世の中で「トリビアル」とされるものであった。そして、それを扱う民俗学自体が、トリビアルなものとみなされてきた。もっとも、ここで注意すべきは、「本質的にトリビアルなもの」や「本質的に重要な（significant）もの」があるわけではなく、それらは誰かによって「割り当てられた（assigned）」ものにすぎないという点である。トリビアルは、トリビアル化の結果、トリビアルになるのであって、「本質的にトリビアルなものなどどこにも存在しない」。

トリビアル化の対象とされるものに真正面から向き合ってきた学問である民俗学は、トリビアル化の過程そのものを観察した上で、「トリビアル」の側から、トリビアルを割り当ててくる側の持つヘゲモニー（覇権）を批判していくべきである。これが編者たちの主張であり、トリビアル化と反トリビアル化のダイナミズムが、「トリビアルの政治」ということになる。

『民俗学の前進』の執筆者の一人で、アメリカ民俗学会元会長のケイ・ターナーは、右の見解をさらに深化させ、民俗学のクィア化について提言している。あらゆるフォークロアは、トリビアルとして割り当てられており、それを扱う民俗学は「トリビアルの学」である。しかし、その中でもさらにトリビアルな領域としてのディープ・フォークロア（既存の「分類」や「秩序」を相対化したり破壊したりする力を持ったフォークロア）の研究があり、その部分がクィアの世界に通じるが、これからの民俗学は、この部分を拡大し、これまで以上に包括的で解放的な学問となるべきだと主張しているのである。

社会的実践

トリビアルでクィアな学問としての民俗学は、自らの存在意義を社会に向け発信し、社会と協働する応用的実践を精力的に展開している。たとえば、博物館やフォークライフ・フェスティバル（各地の祭り、芸能、食文化などフォークライフ〈民俗生活〉を一か所に集めて演じる文化イベント）は、民俗学が早くから公共活動の拠点としてきた場であるが、そこでは、プロの民俗学者とフォークロアの担い手、さらには観客たちが対等に協働し、場合によっては担い手や観客の側が「民俗学者」の立場に回ることで、文化をめぐる解釈の民主化が行なわれる。そしてそれを通して展示やフェスティバルに関わる者たちが社会変革の積極的な担い手として育っていく。このプロセスそのものが民俗学の実践といえる。

多文化主義にもとづく義務教育課程のカリキュラム改革や教師教育の現場も、民俗学が実力を発揮する場となっている。ミネソタ州立大学の黒人民俗学者メイ・マチュンダは、「不在の語りインスティチュート」（民俗学を活用した白人教師たちに対する多文化教育プログラム）活動を主導している。難民や移民、有色の人びとに対するコミュニティ・ベースの内在的理解を積み重ねてきた民俗学は、その知見をもとに学校教育を支配する覇権的な単一文化観に挑戦しているのである。

民俗学の社会的応用の場は、大学の内部にも存在する。近年の大学では、学生に対する学習支援を専門とする部署が設けられ、アカデミック・コーディネーターといった名称の教員が雇用されている。インディアナ大学でそのポストにあるアンソニー・ゲスト＝スコットは、通常のアカデミズムの言説世界では周縁化されるような学生一人一人の物語を、民俗学がその扱いを得意とする「個人的経験の語り」としてとらえて、共感的・協働的理解によって学生をエンカレッジする「あたたかい言葉」プロジェクトに取り組んでいる。

フォークロアは、日々の暮らしの中に見出される身近な存在である。そのため、民俗学の専門家以外の人びとが、学術研究の作法とは異なるやり方でこれを取り上げて書籍やメディアで発信し、広く社会に受け入れられているケースがあちこちで見出せる。かつての民俗学は、このような動きを「素人による誤った解釈が多く含まれた価値のないもの」として排除する傾向が強かったが、現在の民俗学は、「一般社会においてフォークロア的なるものが受け入れられる場面は、人びとにトリビアルなものの価値を正しく認識させる格好の機会となる」と考え、この状況に積極的にコミットするようになっている。

たとえば、二〇一五年にイギリスのフォークロア愛好家がつくった #Folklore Thursday という旧ツイッター・ハッシュタグのもとでは、世界各地の人びとによってフォークロア的な事物についての興味深いやりとりがなされている。これは当初、民俗学者とは無縁の状態で行なわれていたが、その後、民俗学者たちも積極的に参加するようになり、一般のフォークロア愛好家と学問分野としての民俗学とがお互いを尊重しながらつながりあうこととなった。

博物館、義務教育課程、大学における学生支援部門、メディアは、いずれも民俗学と社会がつながるコンタクトゾーンであり、民俗学はこうした場をきわめて重要視している。なぜなら、ここでの民俗学者の働きが、「トリビアル」を割り当てられ、周縁化されていた文化の価値を社会の「中心」に向けて発信する実践に他ならないからである（以上の実例は、『民俗学の前進』による）。

ヘゲモニーへの挑戦

かつて、アメリカのある民俗学者は、自分たちの学問を「人類学という名の新興成金が、英文学という名の貴族の女性に産ませて捨てた庶子」のようなものだと語ったことがある。(2) 民俗学史の事実からするとこの表現は正確なものとはいえないが、しばらく前までのアメリカのアカデミズムにおける民俗学のあり方を絶妙に表わした言い回しだということはできる。だが、『民俗学の前進』の執筆者をはじめとする現代の民俗学者たちに言わせれば、「庶子ですが、それが何か？」という感じだろう。

つまり、二一世紀に入ってからの民俗学は、自らのトリビアル性を強みとして、社会の周縁の人びとともに、ヘゲモニーに対するトリビアルからの挑戦に出始めているのである。そこには、クィア理論との連携があるが、これはもちろん一時の思い付きや便乗ではない。この学問の長い歴史の中に深く根付いていた対覇権主義的な性格が、クィアの力強い発信力と響きあいながら明確なかたちをとるに至ったのが現在の民俗学の姿だといえる。そこには一種の「開き直り」による活力がみなぎっているようにもみえる。

アメリカ、日本、世界各地において人文学の苦境が続いている。存在意義の軽視、予算の削減と制度の縮小、これはある意味、人文学自体のトリビアル化である。人文学の中でも、とうの昔からトリビアル化されてきた民俗学は、これまでの歴史の中でいくつもの反トリビアル化戦略を開発してきた。最近広く注目されている公共人文学的実践は第二次世界大戦前から行なわれてきたし（現在の民俗学ではこれを「公共民俗学」と呼んでいる）、Alt-Ac（オルタナティブ・アカデミックキャリア。つまり専門の学術研究職以外で専門知を活かすことのできるキャリア。博物館のキュレーターやフォークライフ・フェスティバルのコーディネーター、大学の学習支援担当教員など）の社会的意義を積極的に評価し、その職業開発にも力を入れてきた。その結果、多くの研究者が誇りを持ってパブリックセクター（公共部門）の仕事に従事している。

こうした動きは、学問の延命策として行なわれているわけでは決してない。これらは、公正で公平な社会を実現するための有効な方法として実践されているのである。そこでは、民俗学者と民俗学に関わるすべての人が、包括的で解放的な社会へと現状を変化させる役割を担っているという認識が広く共有されているのである。

注

（1）このパネルでの発表論文は、ダンデスの講演記録とともに次の本にまとめられている。Haring, L.(ed.), 2016, *Grand Theory in Folkloristics*, Indiana University Press.
（2）Coffin, T. P., 1968, "Preface," in Coffin, T. P. (ed.), *American Folklore*, Voice of America.

ま

や

ら

わ

人名索引

索　引

アルファベット

あ

か

さ

た

な

は

執筆者紹介

辻《つじ》 晶子《しょうこ》 第二章

1982年生まれ。大阪経済大学経営学部講師。専門は日本中世文学、仏教文学。著書に、『児灌頂の研究——犯と聖性』(2021年、法藏館)。

三上《みかみ》 真央《まお》 第三章

1999年生まれ。会社員(株式会社アクティブアンドカンパニー)。専門は民俗学、宗教学。共著に『生きづらさの民俗学』(2023年、明石書店)。

大田《おおた》 由紀《ゆき》 第五章

1952年生まれ。長崎史談会理事。長崎女性史研究会会員。専門は郷土史、地元祭礼や演芸など。著書に「地方局発」加藤春恵子・津金澤聡廣編『女性とメディア』(1992年、世界思想社)、『長崎くんち考』(2013年、長崎文献社)。

廣田《ひろた》 龍平《りゅうへい》 第七章

1983年生まれ。慶應義塾大学、法政大学ほか非常勤講師。文化人類学・民俗学的に妖怪・怪談を研究。著書に『妖怪の誕生——超自然と怪奇的自然の存在論的歴史人類学』(2022年、青弓社)、訳書にマイケル・ディラン・フォスター『日本妖怪考——百鬼夜行から水木しげるまで』(2017年、森話社)。

本書では引用文などにおいて、原典のままの表現を用いた。

編著者紹介

辻本《つじもと》 侑生《ゆうき》　はじめに、第一章、第四章、第六章

1992年生まれ。弘前大学地域創生本部助教。専門は現代民俗学、地域政策・地域社会論。共著に『津波のあいだ、生きられた村』（鹿島出版会、2019年）、共編著に『山口弥一郎のみた東北』（文化書房博文社、2022年）、『焼畑が地域を豊かにする』（実生社、2022年）、『生きづらさの民俗学』（2023年、明石書店）がある。

島村《しまむら》 恭則《たかのり》　コラム1・2、おわりに

1967年生まれ。関西学院大学社会学部長、教授。専門は、現代民俗学、民俗学理論。著書に、『みんなの民俗学』（平凡社新書、2020年）、『民俗学を生きる』（晃洋書房、2020年）、『〈生きる方法〉の民俗誌』（関西学院大学出版会、2010年）などがある。

クィアの民俗学 ── LGBTの日常をみつめる

2023年10月23日　初版第1刷発行

編著者　辻本侑生・島村恭則

発行者　越道京子

発行所　株式会社 実生社《みしょうしゃ》　〒603-8406 京都市北区大宮東小野堀町25番地1
TEL（075）285-3756

印　刷　創栄図書印刷（株）

カバーデザイン　竹中尚史

ISBN 978-4-910686-10-3